導入につかえる！
たのしい行事シアター 2

チャイルド本社

導入につかえる！ たのしい 行事シアター2

contents

はじめての シアター講座

まずは ここから！

STEP 1 はじめて演じるときの心構え

シンプルなお話からスタート！

まずはシンプルで覚えやすいお話に挑戦！　かんたんなストーリーなら、少しくらいセリフを忘れてもアドリブで挽回でき、緊張も少ないはず。リラックスして、楽しみながら演じましょう。

子どもと楽しい時間を過ごそう！

子どもの年齢や興味によって、同じお話でも反応が異なります。お話に登場するモチーフをきっかけに子どもとたくさん対話をして、一緒に楽しむことが大切。きっといろいろな発見がありますよ。

STEP 2 アイテム作りのコツ！

見やすい サイズ・線・ 色を意識

絵を付けるときは、大きめの人形に太めの線で描き、はっきりとした色を塗れば、遠くからでも見やすくなります。シアターを演じる部屋の広さを考慮して作りましょう。

子どもも 触るから 安全に配慮

シアター上演後は、子どもたちから「貸して！」の声があがるかも。角を取るなど、安全に配慮します。ペープサートの持ち手は子どもの手に収まる7~8cm程度の長さにすると安心です。

STEP3　舞台設定のコツ！

自分から直角のエリアに観客を集める！

子どもたちにとって見やすい位置は、保育者を中心として90度以内のエリア。両手を90度くらいに広げ「シアターを始めるよ、集まってー」などと声をかけるのがコツです。距離は1m程度がベストです。

子どもの目線の高さをチェック

子どもが床に座る場合、保育者は子ども用の椅子に座ってアイテムを自分の顔の高さ程度にします。広い場所では、大人用の椅子に座ってアイテムの位置を高くし、少し前に傾けると見やすくなります。

STEP4　演じるときのコツ！

アイテムの動かしすぎはNG

絵人形を手先でせわしなく動かすと、子どもが落ち着かず、集中しにくくなってしまいます。動きは必要最低限、動くときには自分がアイテムと一体となり、大きく動くのがポイントです。

自然な声で演じる

特別な声をつくらなくても、演じ手が表情豊かに演じれば、子どもはお話の世界に入り込めます。声を高くしたり低くしたりして、役柄を演じ分けます。ナレーションは自然な声でOK！

ステップアップのひけつ

上手な人のシアターを参考にする！

間の取り方、体の動き、子どもの方を見るタイミング、せりふの言い回しなど…園内のシアターがうまい人の演じ方を、ぜひ参考にしてみましょう。

演じたあとは気付いた点をメモする！

子どもが喜んだ場面やわかりにくかった部分などの気付いたことは、ノートに書き出して記録するのがおすすめ。「次はこうしてみよう」を繰り返し、腕を磨きましょう！

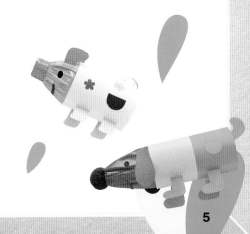

紙皿シアター　入園・進級

大きくなったら！

紙皿にひと工夫するだけでできる、手軽なシアターです。くるくる回すと、生き物たちが成長した姿に変身して、子どもたちも興味津々！

案・指導●小沢かづと　紙皿イラスト●とりう みゆき
撮影●林 均　モデル●田村真依奈

このシアターに使う物

あおちゃん　　ひーくん

おーくん　　めーちゃん

型紙
P.67〜68

演じ方のポイント

「大きくなったら○○になりたい」と成長を夢見る生き物たち。子どもたちにも、「大きくなったら、なにになりたい？」と問いかけてみると盛り上がるでしょう。

1

最初は、あおむしのあおちゃん

保育者　きょうは、大きくなったらなにになりたいのか、みんなに聞きたいと思います。最初は、あおむしのあおちゃん。

★ あおむしの絵を見せながら、せりふに合わせて動かします。

あおちゃん　わたしはいつも、地面を歩いたり、木に登ったりして遊んでいるの。

2

★ 手前の紙皿を回転させて、ちょうちょうの絵を見せます。

あおちゃん 大きくなったら…わたしは、きれいなちょうちょうになって、
空を飛んで遠くまでお散歩したいな〜、ひらひらひら。

★ 手前の紙皿を戻して、あおむしの絵を見せます。

あおちゃん 早くちょうちょうになりたいな。

裏から見ると…

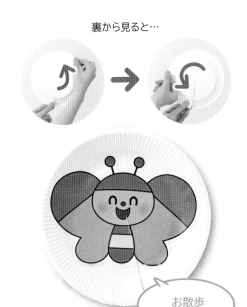

大きく
なったら…

お散歩
したいな〜

3

大きく
なったら…

朝が来たことを
教えるんだ！

★ あおちゃんを下げてひーくんを出し、
せりふに合わせて②と同様に動かします。

保育者 次は、ひよこのひーくん。

ひーくん ぼくは、ぴいぴいってうたっているの。
大きくなったら…にわとりになって、
みんなに大きな声で朝が来たことを
教えるんだ！　コケコッコー!!

保育者 ひーくんの元気な声なら、
寝坊しないね！

ひーくん 早くにわとりになりたいな。

4

大きく
なったら…

大きな岩だって
跳び越え
ちゃうんだ！

★ ひーくんを下げておーくんを出し、
　せりふに合わせて②と同様に動かします。

保育者 次は、おたまじゃくしのおーくん。

おーくん ぼくは、池の中をとっても速く泳げるんだ！
大きくなったら…かえるになって、
ぴょーんと大きな岩だって
跳び越えちゃうんだ！
ぴょんぴょーん！

保育者 おーくん、すごい！
雲まで届きそうだね！

おーくん 早くかえるになりたいな。

5

木に
なりたい…

どうして木に
なりたいの

あのね…

★ おーくんを下げて、
　めーちゃんを出します。

保育者 最後は、木の芽のめーちゃん。

めーちゃん わたしは…わたしは…
大きくなったら木になりたい…。

★ 手前の紙皿を回転させて、木の絵を見せます。

保育者 めーちゃんは、
どうして木になりたいの。

めーちゃん え～とね…、あのね…。

6

みんなをお祝い
したいの！

★ すばやく紙皿をめくり上げ、さくらの木の絵を見せます。

めーちゃん さくらをたくさん咲かせて、
みんなをお祝いしたいの！

保育者 わぁ！ めーちゃん、とってもすてき！
きれいなさくらの木ね。

7

みんな、
春が来たよ

めーちゃん 早くさくらの木になりたいな。

保育者 みんな、春が来たよ。
みんなは大きくなったら、
なにになりたいかな？

おしまい

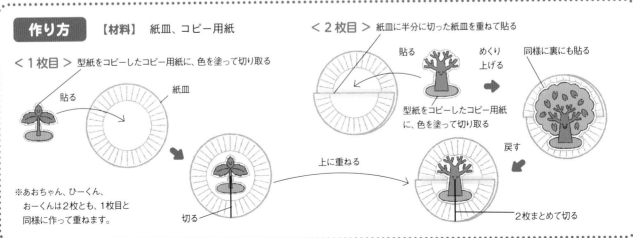

作り方　【材料】　紙皿、コピー用紙

< 1枚目 > 型紙をコピーしたコピー用紙に、色を塗って切り取る

貼る

紙皿

※あおちゃん、ひーくん、
おーくんは2枚とも、1枚目と
同様に作って重ねます。

切る

上に重ねる

< 2枚目 > 紙皿に半分に切った紙皿を重ねて貼る

貼る

めくり
上げる

同様に裏にも貼る

型紙をコピーしたコピー用紙
に、色を塗って切り取る

戻す

2枚まとめて切る

ペープサート　　こどもの日

遊ぼ！ こいのぼりくん

動物たちが「こいのぼり」の歌をうたっていると、
そこに現れたのは…？
こどもの日の導入にぴったりな楽しいシアターです。

案・指導●山本和子　絵人形イラスト●冬野いちこ
撮影●林 均　モデル●吉田芽吹

このシアターに使う物

（表）　（裏）
ぞうくん

（表）　（裏）
うさぎちゃん

（表）　（裏）
かえるくん

（表）　（裏）
こいのぼりくん

（表）　（裏）
柏餅

油粘土
（3個）

型紙
P.68〜
70

演じ方のポイント

こどもの日の由来や
歌など、行事につい
ての説明を楽しみな
がら知ることができ
るシアターです。動
物たちと一緒にうた
う場面は、いきいき
と演じましょう。

1

きょうは
5月5日の
こどもの日

★ 油粘土を机に3個用意します。

保育者 きょうは5月5日のこどもの日。
こいのぼりを揚げて、
子どもたちが元気に育つようにと、
お祈りする日です。
あっ、みんながやって来ましたよ。

★ ぞうくん（表）を出して、せりふのあとに油粘土に立てます。

ぞうくん こいのぼりが、
あっちこっちに揚がっているぞう！

★ うさぎちゃん（表）とかえるくん（表）を出します。

うさぎちゃん 気持ちよさそうに泳いでいるね〜。

2

やねより たかい こいのぼり〜♪

かえるくん ぼくはうたうの大好き！
「こいのぼり」の歌をうたおうよ。

うさぎちゃん わあい、うたいましょう！
ねえ、みんなもいっしょに
うたいましょう！ 1、2の3！

★ 「こいのぼり」（作詞/近藤宮子　えほん唱歌）
の歌に合わせて動かします。

3

裏

わあ、
飛んできたのは、
かわいい
こいのぼりくん！

★ うさぎちゃんとかえるくんを
油粘土に立てます。

保育者 みんなが元気に「こいのぼり」の歌を
うたっていると…ぴゅるるるる〜！

★ 柏餅（表）を重ねた、こいのぼりくん（表）を登場させます。

こいのぼりくん ねえ、こいのぼり〜♪ って
聞こえたんだけど、ぼくのこと呼んだ？

保育者 わあ、飛んできたのは、
かわいいこいのぼりくん！

ぼくね、
おいしい物を
持ってきたんだ。
それっ、ぽーん！

4

こいのぼりくん やあ、みんな、こんにちは！
ぼくね、おいしい物を持ってきたんだ。
それっ、ぽーん！

★ せりふに合わせて、柏餅（表）を
こいのぼりくんの口から出します。

保育者 あれれ？ こいのぼりくんの口から、
なにか飛び出しましたよ。

★ こいのぼりくん（表）を動かしながら、
　子どもたちに柏餅（表）を見せます。

こいのぼりくん この中にはね…
こどもの日に食べる
お菓子が入っているよ。
なあんだ？

★ 子どもたちの答えを受けたら、柏餅を裏返します。

こいのぼりくん そう、柏餅！
さあ、めしあがれ！

★ 柏餅をぞうくんたちの前で、食べるように動かします。

**ぞうくん
うさぎちゃん
かえるくん** わあい、ありがとう。
むしゃむしゃ。

★ 柏餅を下げます。

そう、柏餅！
さあ、
めしあがれ！

えっ、
いいの？
ぴょこーん！

ぼくの背中に
乗ってごらんよ

かえるくん ああ、おいしかった！
ねえ、こいのぼりくんは、
空を泳げるんだよね。
いいな〜。
ぼくも空を泳いでみたいな。

こいのぼりくん それじゃあ、
　　　　　　ぼくの背中に乗ってごらんよ。

かえるくん えっ、いいの？ ぴょこーん！

★ せりふに合わせて、かえるくん（表）を
　こいのぼりくん（表）の背中に乗せるようにします。

7

ケロケロ、
いい気持ちー！

保育者 こいのぼりくんは、かえるくんを乗せて、
空へぴゅるるるーん！

★ こいのぼりくんの上に、かえるくんを裏返して乗せ、
空を泳ぐように動かします。

かえるくん わああ、すごい、ぼくも空を飛んでるよー！
ケロケロ、いい気持ちー！
こいのぼりくん、ありがとう！

8

うわあ、
遠くまで見えるわ！

★ かえるくんを（表）にして油粘土に立て、
うさぎちゃんを⑦と同様に動かします。

うさぎちゃん こいのぼりくん、わたしも、
わたしも！

こいのぼりくん いいよ。行くよ、
ぴゅるるるるーん！

うさぎちゃん うわあ、遠くまで見えるわ！
楽しい〜！
こいのぼりくん、ありがとう！

9

★ うさぎちゃんを（表）にして油粘土に立て、
　こいのぼりくんを裏返し、ぞうくんを背中に乗せます。

ぞうくん ぼくも、ぼくも、乗りたいぞう！

こいのぼりくん ぞうくん、どうぞどうぞ。

★ こいのぼりくんとぞうくんを、低く飛ぶように動かしてから、
　高く泳ぐように動かします。

こいのぼりくん う～ん…。
　あっ、風がいっぱい吹いてきた。
　よしっ、それ～。ぴゅるる ぴゅるる～。

ぞうくん うっほー、空を泳げたぞう～！
　こいのぼりくん、ありがとう！

10

こいのぼりくん みんなと遊べて、楽しかったよ！
　でも、そろそろ家に
　帰らなくちゃ。

保育者 たいへん！
　風がぱったり止まってしまいました。

こいのぼりくん わあ、どうしよう！
　風が吹かないと、
　飛び立てないよ～！

★ こいのぼりくんを少し
　下向きに動かします。

11

ぞうくん こいのぼりくん、
　ぼくに任せて。

保育者 ぞうくんは、鼻から
　思い切り息を吹き出しました。

★ ぞうくんを（裏）にして、こいのぼりくんを
　少しずつ上向きにします。

ぞうくん ふーう！

保育者 みんなもいっしょに手伝って！
　せーの！

ぞうくん ふーーう！ふーーーう！

14

12

> 楽しい
> こどもの日になって、
> よかったですね！

保育者 すると、こいのぼりくんは、
空へ舞い上がりました。

★ こいのぼりくんを反転させて（表）にします。

こいのぼりくん ぞうくん、ありがとう！
ぼく、帰る前にもう一度、
「こいのぼり」の歌を
聞きたくなっちゃった。

★ ぞうくんを（表）にして油粘土に立てます。

かえるくん それじゃあ、みんなで
うたおうよ！
1、2の3！

★ こいのぼりくんを左右に大きく動かしながら、
「こいのぼり」の歌をうたいます。

こいのぼりくん みんな、ありがとう！
来年もまた来るよー！

保育者 楽しいこどもの日になって、
よかったですね！

おしまい

作り方 【材料】 画用紙、割り箸

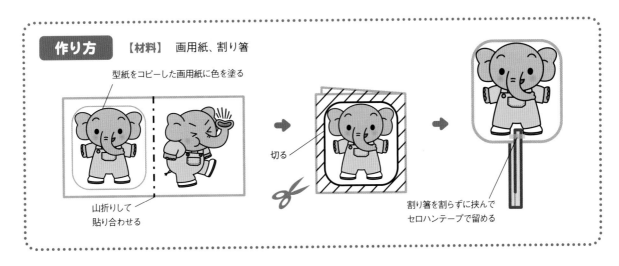

型紙をコピーした画用紙に色を塗る

山折りして
貼り合わせる

切る

割り箸を割らずに挟んで
セロハンテープで留める

ペープサート　歯と口の健康週間

かーくんの 大切な歯

かーくんの歯には、食べカスがいっぱい！
そこにムシバキンがやって来て…。
歯磨きの大切さが伝わるシアターです。

案・指導・絵人形イラスト●あかまあきこ　撮影●林 均
モデル●池田裕子

このシアターに使う物

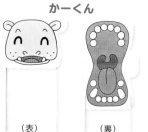

かーくん
（表）　（裏）

歯ブラシ

油粘土
（6個）

オムライス
（表）　（裏）

食べカス

ムシバキンたち

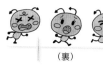

（表）　（裏）

型紙
P.71〜72

演じ方のポイント

歯科検診の前や、食後の空き時間などにおすすめです。子どもたちの歯磨きの参考になるように、正しい磨き方を意識してかーくんの歯ブラシを動かしましょう。

1

★ かーくん（裏）の歯の切り込みに食べカスを
　セットしておきます。机の上に油粘土を4個用意して、
　オムライス（表）を立て、かーくんを両手で持ちます。

保育者　あら、かばのかーくん、
　　　　　とってもいい匂いがするわね。

かーくん　うん！ ぼくのだーい好きな
　　　　　オムライスだよ！
　　　　　いただきまーす!!

とってもいい匂いがするわね

うん！ぼくのだーい好きなオムライスだよ！

2

★ かーくん（表）をオムライスの周りで動かします。

かーくん もぐもぐごっくん、ああ、おいしい！
もぐもぐごっくん、ああ、おいしい！

★ かーくんを油粘土に立て、
オムライス（表）を裏返します。

かーくん ごちそうさま！
おいしかったぁ。

もぐもぐ
ごっくん、
ああ、おいしい！

3

きれいに
食べちゃったね

うん！
とっても
おいしかったよ

★ ムシバキンたち（表）を畳んだ状態で出し、せりふに合わせて動かします。

ムシバキン おや、かーくん。きれいに食べちゃったね。

かーくん うん！とってもおいしかったよ。

ムシバキン かーくん、好き嫌いはないの？

かーくん ないよ。ぼくはなんでもパクパク食べられるもん！

ムシバキン それは偉いねえ。

かーくん だってぼくは、なんでもおいしく食べられる
とってもよい歯を持っているからね。

4

あーん！

左右のつまみ（耳の部分）を裏に
折ると、口が固定されます。

ムシバキン へえー、すごいね。
どんな歯か見せてくれる？

★ 新しく出した油粘土にムシバキンたち（表）を立て、
オムライスを横に移動します。かーくんの口を開けて、
左右のつまみを裏に折り、口が開いた状態にします。

かーくん いいよ、あ―――ん！

5

ぼくは、こんな
汚れた歯が
だーい好きさ！

えっ？

| かーくん | ほら、見て見て！ |

★ ムシバキンたち（表）を持って、
　口の中をのぞくように動かします。

| ムシバキン | ほお！ これはとてもよい歯だね。
おまけに食べカスが、あっちにも
こっちにもついているぞ。
ぼくは、こんな汚れた歯が
だーい好きさ！ |

| かーくん | えっ？ |

わーい

6

| ムシバキン | さっそく仲間を呼ばなくちゃ。
おーい、みんなー！
食べカスがいっぱいついた
おいしそうな歯があるよ！ |

★ ムシバキンたち（表）を広げます。

| ムシバキンたち | わーい！ 本当だ。
食べカスがいっぱいついているね。
おいしそうな歯だなあ！
いただきまーす!! |

★ 油粘土をもう1個出して、ムシバキンたち（表）を立てます。

シュッ！ シュッ！
シャカ シャカ
シャカ

| かーくん | だめだよ！
ぼくの歯を食べちゃ！
きみたち、
ムシバキンだったんだね。
そうだ、歯磨きをしよう！ |

★ 歯ブラシを出し、歯を磨きながら食べカスを外します。

| かーくん | この歯ブラシを使って…
シュッ！ シュッ！
シャカ シャカ シャカ。
前の歯シュッシュ、
奥の歯シュッシュ。歯の裏も！ |

7

かーくん ほら、きれいになった！

★ 歯ブラシを置いて、ムシバキンたち（表）を裏返します。

ムシバキンたち ひゃあ！ こんなきれいな歯は
おいしくないよ。さようなら〜！

★ ムシバキンたち（裏）を逃げるように、
退場させます。

ほら、
きれいに
なった！

こんなきれいな
歯はおいしくないよ！
さようなら〜！

おいしく
食べて
シュッシュッ
シュッ！

★ つまみを戻して、かーくんの口を閉じます。

かーくん ああ、よかった。もう少しでムシバキンたちに
歯を食べられるところだった。
食べたあとは、歯磨きを忘れないようにしなくちゃね。
おいしく食べて、シュッシュッシュッ！

おしまい

アレンジ

シアターのあとは、子どもた
ちにかーくんの歯を磨いて
もらってもよいでしょう。

作り方 【材料】 画用紙、割り箸

型紙をコピーした
画用紙に色を塗る

切り込みを入れる

山折り
する

切る

山折りして貼り合わせる

割り箸を割らずに挟
んでセロハンテープ
で留める

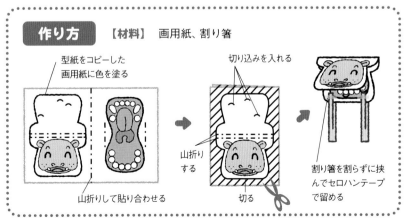

紙コップシアター 七夕

七夕の願い事 なあに？

こぶたくんとねこちゃんの願い事を
お星様がかなえてくれるお話です。
どんな願い事をするのでしょうか？

案・指導●山本和子　製作●あさいかなえ　撮影●林 均
モデル●大貫真代

このシアターに使う物

お星様

こぶたくん

ねこちゃん

**ねこちゃんの
短冊**

**こぶたくんの
短冊**

（表）　　　　　（裏）

ささ飾り

大きなすいか

演じ方のポイント

短冊に願い事を書く
際の説明にぴったり
のシアターです。キャ
ラクターたちの動作
をていねいに演じる
と、子どもたちが物
語に入り込みやすく
なります。

**型紙と
作り方
P.73～74**

わあ、
きれいな
ささ飾り！

ピューン

1

★ ささ飾りを立て、お星様が
　 飛んできたように登場させ、
　 ささ飾りの後ろに置きます。

保育者 わあ、きれいなささ飾り！
あっ、お星様が
見にやって来ましたよ。

お星様 ピューン！ ここで
ひと休みしようっと。

2

★ 短冊を持ったこぶたくんと
ねこちゃんを登場させます。

こぶたくん きょうは七夕だから、
お星様が願い事を
かなえてくれるんだよね。

ねこちゃん そうよ。
こぶたくんの願い事は
なあに？

こぶたくんの
願い事は
なあに？

3

★ こぶたくんをささ飾りに
近づけ、短冊をモールに掛けます。

こぶたくん ぼくの願い事は、
「おおきなおおきな
すいかがほしいな」だよ。
お星様、お願いします。

お星様 ぼくはお星様だから、こぶたくんの願い事をかなえてあげなくちゃ。
大きな大きなすいか、出てこい！

おおきなおおきな
すいかが
ほしいな

4

★ 大きなすいかを
　転がすようにして出します。

保育者　ころころ、どーん！

こぶたくん　やったー、
　　こんな大きなすいか、
　　初めてだよ。
　　お星様、ありがとう！

お星様　いやいや、なんのなんの。

こぶたくん　でも、どうやって
　　割ったらいいのかな？
　　このままだと
　　食べられないよ～。

5

かきかき

★ ねこちゃんの短冊を裏返して、
　短冊に字を書くように動かしてから、
　モールに掛けます。

ねこちゃん　わたしがお星様に
　　お願いするわ。
　　「こぶたくんのすいかが
　　われますように」。

お星様　ねこちゃんの願い事を
　　かなえるよ。
　　すいかよ、
　　食べられるように
　　割れろ～！

すいかよ、
食べられるように
割れろ～！

こぶたくんの
すいかが割れ
ますように

★ すいかの上半分を
持ち上げて、半分に
パカッと割ります。

やったあ！

保育者 パカッ！ 大きな
すいかが割れましたよ！

こぶたくん お星様、ねこちゃん、
ありがとう！
でも、ねこちゃんの
本当の願い事はなあに？

ねこちゃん 「たくさんのおともだちと、
たなばたのうたをうたいたい」なの。

7

ピューン！

★ ねこちゃんの短冊を裏返し、お星様を飛ぶように前に出し、
子どもたちに声をかけます。

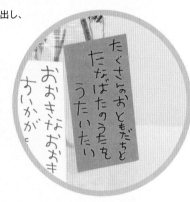

お星様 その願い事をかなえるには…。
そうだ！ みんなに頼もうっと。
それ、ピューン！

ねこちゃん わあ、お星様！

お星様 みんな、ねこちゃんのために、
いっしょに七夕の歌を
うたってくれますか？

★ 子どもたちの答えを待って、いっしょに
「たなばたさま」
（作詞／権藤はなよ、林 柳波　作曲／下総皖一）
などの歌をうたいます。

お星様 わあい、ありがとう！
それじゃあ、うたうよ。
1、2の3！

保育者 ありがとう。
みんなのおかげで、
とっても楽しい
七夕になりました。

おしまい

ペープサート　プール開き

着替え できるかな?

いよいよプールの季節! いっちゃんとくーくんは、
張りきって水着に着替えます。
脱いだ洋服はちゃんと畳めるかな?

案・指導・絵人形イラスト●あかまあきこ　撮影●林 均
モデル●石塚かえで

このシアターに使う物

演じ方のポイント

シャツやズボンの畳み方の場面は、子どもたちが工程をしっかりと見えるように、セリフに合わせてゆっくりとした動作で演じるようにしましょう。

くーくん

（表）　　　　　　（裏）

いっちゃん

（表）　　　　　　（裏）

服と椅子A

（表）

（裏）

服と椅子B

（表）

（裏）

シャツカード

（表）

（裏）

ズボンカード

（表）

（裏）

油粘土

（4個）

型紙
p.74〜76

1

★ 油粘土を4個出しておきます。

保育者 いっちゃん！

★ いっちゃん（表）を出します。

いっちゃん はーい！

保育者 くーくん！

★ くーくん（表）を出します。

くーくん はーい！

2

保育者 きょうはとっても暑いね。

いっちゃん くーくん うん、うん。

保育者 暑いからね、これからとっても涼しくなって、とっても楽しいことをしようと思うの。パシャパシャ、ザブザブ。なーんだ？

★ いっちゃん（表）とくーくん（表）を上に上げます。

いっちゃん くーくん うーん…。プールだ！

保育者 そう！ プールに入って遊びましょう。

プールだ！

水着に着替えなくちゃ

3

★ いっちゃん（表）を動かしながら話します。

いっちゃん プールに入るのなら、水着に着替えなくちゃ。

保育者 いっちゃん、自分で着替えができるかな？

いっちゃん もちろん！

4

★ くーくん（表）を動かしながら話します。

保育者 くーくんはどうかな？

くーくん ぼくだって、
自分で着替えられるよ！

保育者 そうなの。偉いわね！
それじゃあ、水着に着替えましょう。

**いっちゃん
くーくん** はーい！

5

★ くーくん（表）を油粘土に立てます。いっちゃん（表）を持って、
リズミカルに左右に振りながら言います。

いっちゃん プールだ　水着だ　着替えるよ
自分で　着替えが　できるもん！
最初は　服を　脱いじゃおう
ポイポイ　ポイポイ　ポイポイポイ！

★ 服と椅子Ａ（表）を出して、油粘土に立てます。

いっちゃん 今度は　水着を着て　ほら、できた！

★ いっちゃんを（裏）
にして、油粘土に
立てます。

6

★ くーくん（表）を持ってリズミカルに
左右に振ります。

くーくん プールだ　水着だ　着替えるよ
自分で　着替えが　できるもん！
最初は　服を　脱いじゃおう
ポイポイ　ポイポイ
ポイポイポイ！

★ 服と椅子B（表）を出して、
油粘土に立てます。

くーくん 今度は　水着を着て
ほら、できた！

★ くーくんを（裏）にして置きます。

最初は
服を
脱いじゃおう

7

脱いだ服は
どうしたの？

★ いっちゃん（裏）とくーくん（裏）をせりふに合わせて動かします。

**いっちゃん
くーくん** 自分で着替えができたよ！

保育者 まあ、もう着替えができたの？　偉いわね！
…あら、でも脱いだ服はどうしたの？

★ いっちゃん（裏）とくーくん（裏）を持ちます。

**いっちゃん
くーくん** わあ！　服がバラバラだ！

8

★ いっちゃん（裏）をせりふに合わせて動かします。

いっちゃん あっ、そうだった！
脱いだ服は畳んで
椅子の上に置くのよね。

★ くーくん（裏）をせりふに合わせて動かします。

くーくん そうだよね。よーし、服を畳むぞ！

★ いっちゃん（裏）とくーくん（裏）を
リズミカルに左右に振りながら言います。

**いっちゃん
くーくん** 脱いだ　服は
畳んで畳んで　パタン　パタン！
畳んでまとめて　椅子の上！（繰り返す）

脱いだ　服は
畳んで畳んで
パタン　パタン！

畳んでまとめて
椅子の上！

9

★ くーくん（裏）を置き、
服と椅子Ａを（裏）にします。

いっちゃん できた！

★ いっちゃん（裏）を置いて、
くーくんを持ち、服と椅子
Ｂを（裏）にします。

くーくん ぼくもできた！

保育者 わあ、上手ねぇ！
今度着替えるときに
困らないわね。

★ くーくん（裏）を置きます。

10

保育者 いっちゃんとくーくん、
自分で着替えができたね。
服も上手に畳めているね。
どんなふうに
畳んだのかな？

★ シャツカード（表）と
ズボンカード（表）を出して見せます。

保育者 シャツとズボンを
畳んでみるね。

11

★ ズボンカード（表）を持って畳みます。

保育者 ズボンもよーく広げて半分に
パタン！
それから裾を持って、
上にスルスル〜、パタン！
ほらズボンもできたよ。
みんなも上手に畳んでね。

〈 ズボンの畳み方 〉

★ シャツカード（表）を持って畳みます。

保育者 シャツはよーく広げて袖をパタン！　もう片方の袖もパタン！
それから裾を持って、上にスルスル〜、パタン！
半分に畳んで、ほらもうできたよ。次はズボンも畳むね。

〈 シャツの畳み方 〉

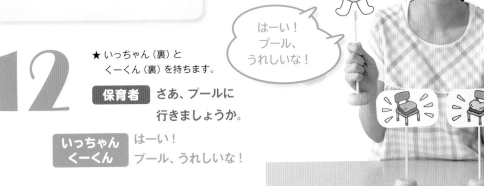

12

★ いっちゃん（裏）と
くーくん（裏）を持ちます。

保育者 さあ、プールに
行きましょうか。

**いっちゃん
くーくん** はーい！
プール、うれしいな！

はーい！
プール、
うれしいな！

おしまい

作り方 【材料】 画用紙、割り箸

型紙をコピー
した画用紙に
色を塗る

山折りして
貼り合わせる

切る

割り箸を割らずに
挟んでセロハン
テープで留める

あき

お・か・し・も

9月1日は防災の日。「お・か・し・も」の標語を
わかりやすく紹介したシアターです。
避難するときのお約束を、動物たちと一緒に覚えましょう。

案・指導●浦中こういち
シアターイラスト●しぶたにゆかり　撮影●林 均
モデル●田村真依奈

このシアターに使う物

ドア

1（表）

2（裏）　3（表）

4（裏）　5（表）

くまぐみ

1（裏）　2（表）

うさぎぐみ

3（裏）　4（表）

ねずみぐみ

5（裏）　6（表）

型紙
P.77〜78

演じ方のポイント

保育者が「お・か・し・も」のお約束を伝えるセリフのところでは、「避難するときは？」と疑問形で問いかけ、子どもたちが答える形でもよいですね。

たぬきぐみ

6（裏）　7

全員

8　9

※番号は、スケッチブックのページの構成の順番です。

1

ちょっと
入ってみましょう

★ スケッチブックを出して、
　1ページ目を見せます。

保育者 みんなは地震や火事が起こったときに、
どうすればよいか知っている?
なかよし園のお友達はどうかな?
いっしょに見てみましょう。
まずは、くまぐみさん。
くまぐみさんは、上手に避難できているかな?
もう誰もいないかな? あれ、なにか音がする。
ちょっと入ってみましょう。

2

★ ページをめくります。

くまくん あっちだよー。

くまちゃん こっち! 押さないでよー。

保育者 あら、くまさんたちはなにをしている?

★ 子どもたちとやりとりをしながら進めます。

保育者 そうだね、押し合いをして避難できていないね。
押すと、近くのお友達とぶつかって危ないから、
避難するときは、**お・さ・な・い**。

お・さ・な・い

3

か・け・な・い

★ ページをめくり、うさぎぐみのドアを見せます。

保育者 うさぎぐみさんは、どうかな?

★ ページをめくります。

うさぎたち ピョンピョンピョン!
かけっこ、かけっこ、急いで逃げろ!

★ 子どもたちとやりとりをしながら進めます。

保育者 あら、うさぎさんたちはなにをしている?
かけっこして避難しているね。
転んでしまうかもしれないから、
避難するときは、**か・け・な・い**。

4

★ ページをめくり、
　ねずみぐみのドアを見せます。

ねずみぐみさんは
どうかな？

保育者　次は、ねずみぐみさんですね。
　　　　　ねずみぐみさんは、どうかな？

5

しゃ・べ・ら・
な・い

★ ページをめくります。

ねずみたち　チューチューチューどこに行くの？
　　　　　　チューチューチュー
　　　　　　どうすればいいの？
　　　　　　チューチューチュー
　　　　　　先生がなにか言っているけれど、
　　　　　　チューチューチュー
　　　　　　聞こえないよ。

★ 子どもたちとやりとりをしながら進めます。

保育者　あれ、ねずみさんたちはなにをしている？
　　　　　おしゃべりしているね。
　　　　　おしゃべりすると、
　　　　　先生のお話が聞こえなくてたいへん！
　　　　　だから、避難するときは、
　　　　　しゃ・べ・ら・な・い。

6

保育者 最後は…。

★ ページをめくります。

保育者 あれ、たぬきさん。ドアの前でどうしたの?

たぬき 大事な車のおもちゃを忘れたから、取りに戻って来たんだ。

保育者 避難するときは、絶対に戻らないよ。
逃げられなくなるかもしれないからね。
だから、**も・ど・ら・な・い**。

も・ど・ら・な・い

これが
お・か・し・も
ですよ

7

★ ページをめくります。

保育者 全員が無事に避難できてよかったね。

★ せりふに合わせて、順番に文字を出します。

保育者 避難するときは、
お、おさない。
か、かけない。
し、しゃべらない。
も、もどらない。
これが、お・か・し・もですよ。
みんな、覚えたかな?

おさない

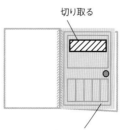

おしまい

※地域によっては「は=はしらない」で
「おはしも」という言い方もありま
す。型紙はどちらも用意しています。

作り方 【材料】 スケッチブック、コピー用紙、厚紙

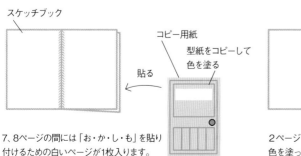

スケッチブック

コピー用紙
型紙をコピーして
色を塗る

貼る

切り取る

7、8ページの間には「お・か・し・も」を貼り
付けるための白いページが1枚入ります。

2ページ目以降も同様に
色を塗って切り貼りする

型紙をコピーして
色を塗り、厚紙に貼る

山折り

裏側に
貼る

あき

ドキドキ 飛んでけ ぽいぽい ぱっ！

緊張しているいぬくんは、妖精さんに
ドキドキが消えるおまじないを教えてもらいます。
運動会や発表会の前におすすめのシアターです。

案・指導●山本和子　製作●やのちひろ　撮影●林 均
モデル●大貫真代

このシアターに使う物

妖精さん

いぬくん

こぶたちゃん

型紙と
作り方
P.78〜79

演じ方のポイント

子どもがキャラクター
に共感できるように
演じたいテーマ。お
まじないでドキドキ
をはね飛ばす場面の
いぬくん、こぶたち
ゃんは特に感情を込め
て演じましょう。

1

★ いぬくんをうつむいた感じで登場させます。

保育者 あっ、いぬくんがやって来ましたよ。
元気がないけど、
どうしたのかな？

いぬくん 明日は運動会なんだ。
ぼく、かけっこに出るんだけど、
ああ、今からドキドキ。
どうしよう…。

元気がないけど、
どうしたのかな？

明日は
運動会なんだ…。
今からドキドキ

2

★ 妖精さんを登場させ、いぬくんの顔を、
　びっくりしたように少し上げます。

保育者 すると、ピュルルルー！
妖精さんが飛んで来ました。

妖精さん いぬくん、わたしは勇気の妖精よ。
ドキドキしない
おまじないを教えてあげるわ。

いぬくん わあ、勇気の妖精さんだって！
おまじない、教えてください。

おまじないを
教えてあげるわ

おまじない、
教えて
ください

3

ドキドキ
飛んでけ
ぽいぽい　ぱっ！

顔を3回上下に
動かします。

★ おまじないに合わせて、
　いぬくんを動かします。

妖精さん ドキドキしないおまじないは、
顔を3回上げて、
**ドキドキ　飛んでけ
ぽいぽい　ぱっ！**
って言うの。

いぬくん よし、やってみようっと。
顔を上げてっと。
1回、2回、3回。
**ドキドキ　飛んでけ
ぽいぽい　ぱっ！**

4

★ いぬくんを上向きにします。

いぬくん わあい、
ドキドキが飛んでいったよ。
明日のかけっこ、
がんばるぞ！

わあい、
ドキドキが
飛んでいったよ

5

★ 妖精さんを立て、
こぶたちゃんを登場させます。

保育者 そこへ、
こぶたちゃんがやって来ました。

こぶたちゃん 明日、運動会で
ダンスを踊るんだけど、
今からドキドキ。
うまく踊れるか心配だわ。

いぬくん こぶたちゃん、大丈夫。
ぼく、ドキドキしない
おまじないを、
妖精さんから教えてもらったんだ。
ええとね、しっぽを3回上げて、
**ドキドキ　飛んでけ
ぽこぽこ　ぴっ！**
って言うんだ。

うまく踊れるか
心配だわ

こぶたちゃん
大丈夫！

6

★ こぶたちゃんをせりふに合わせて動かします。

こぶたちゃん ええと、しっぽを3回上げて…、
**ドキドキ　飛んでけ
ぽこぽこ　ぴっ！**
…あれぇ、ドキドキが飛んでいかないわ。
まだ、ドキドキ ドキドキ。

> あれぇ、ドキドキが飛んでいかないわ

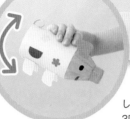

しっぽを上下に3回動かします。

> おまじないを間違えているわ

妖精さん いぬくん、おまじないを間違えているわ。
顔を3回上げて、
**ドキドキ　飛んでけ
ぽいぽい　ぱっ！** よ。

いぬくん わあ、いけない！ こぶたちゃん、もう1回、いっしょにやってみよう。

> ドキドキ
> 飛んでけ
> ぽいぽい　ぱっ！

7

★ せりふに合わせて
いぬくんとこぶたちゃんを動かし、
元気に立て、妖精さんを飛び回らせます。

いぬくん 顔を、1回、2回、3回上げて、

こぶたちゃん **ドキドキ　飛んでけ
ぽいぽい　ぱっ！**
わああ、
ドキドキが飛んでいったわ。
明日のダンス、
きっと楽しく踊れるわ。

妖精さん みんなもドキドキしそうなとき、
このおまじないをやってみて。
それじゃ、いっしょに！
**ドキドキ　飛んでけ
ぽいぽい　ぱっ！**

おしまい

ペープサート **お月見**

お月見だんご、
食べたのだ～れ？

みんなが作ったお月見だんご、すすきを探している
間に食べたのは…？
お月見が待ち遠しくなるシアターです。

案・指導●浅野ななみ　絵人形イラスト●くるみれな（まーぷる）
撮影●林 均　モデル●吉田芽吹

このシアターに使う物

うさぎ　（表）（裏）

ねずみ　（表）（裏）

くま　（表）（裏）

すすき

お月様　（表）（裏）

お月見だんご　（表）（裏）

雲

油粘土
（7個）

型紙
P.80～
82

演じ方のポイント

お月様がお月見だんごを食べる場面では、保育者も「おいしい！」というジェスチャーをするなど、シーンに合わせて表現を変えて盛り上げましょう。

今夜は
十五夜

くるくる
丸めて、
ハイできた！

1

★ 油粘土を机の上に２個出しておきます。
　 ねずみ（表）とうさぎ（表）を出します。

保育者　今夜は十五夜。

　　　　　もうすぐお月見が始まります。

　　　　　動物村の子どもたちは、

　　　　　お月様にお供えする

　　　　　お月見だんごを作っています。

★ うさぎを（裏）にします。

うさぎ　くるくる丸めて…、ハイできた！

ねずみ　わぁ、きれいな形。上手だね。

2

保育者 ねずみくんも
おだんごを作ります。

★ ねずみを（裏）にします。

ねずみ くるくる丸めて…、ホイできた！

うさぎ あー、ちっちゃくてかわいいね。

★ うさぎ（裏）とねずみ（裏）を油粘土に立てます。

ちっちゃくて
かわいいね

ホイ
できた

ぼくも
作りたいなぁ

ホーイ、
できた！

3

★ くま（表）を出します。

くま ぼくも作りたいなぁ。

保育者 やって来たのはくまさん。

くま ぐるぐる丸めて…まだできない。
ぐるぐる丸めて、ぐるぐる丸めて…
ホーイ、できた！

★ くまを（裏）にします。

4

ねえ、すすきを
取りに行こう

うさぎ わー、大きいね！

ねずみ すごーい。お月様もびっくりするね。

くま さあ、できあがったおだんごを
積み上げて飾ろう。

★ 油粘土に立てたお月見だんご（表）を出し、くまを（表）に
します。うさぎとねずみも（表）にし、持ちます。

くま おいしそうだね。

ねずみ ねえ、すすきを取りに行こう。

**うさぎ
くま** そうだね。行こう。

★ うさぎ、ねずみ、くまを下げます。

5

保育者 みんながいなくなると、
空にお月様が出てきました。

★ 雲とお月様（表）が重なるようにして出し、
顔が少し見えるようにします。

お月様 おいしそうなおだんごが
いっぱい飾ってあるぞ。
1つ食べてみようかな。

★ お月様（表）を雲から出し、雲は油粘土に立てます。
お月見だんごを（裏）にします

お月様 ひゃーこれは大きい！　パクリ。
ムシャムシャ。おいしい！
ムシャムシャパクパク…。

6

★ お月様を（裏）にして、雲に隠れるように
油粘土に立てます。くま（表）とうさぎ（表）、
ねずみ（表）、すすきを出します。

保育者 すすきを持ってみんなが
戻って来ました。

ねずみ いいすすきが見つかったね！
おだんごの横に飾って…。

★ ねずみ（表）とすすきを油粘土に立てます。

うさぎ あれ？　くまさんが作った大きなおだんごがないわ。

くま どこかに転がっちゃったのかな？

ねずみ あっちかな、こっちかな？

くま どこにもないよ。

ねずみ 誰かが食べたのかな？

いいすすきが
見つかったね！
おだんごの横に
飾って…

大きな
おだんごが
ないわ

どこかに
転がっちゃった
のかな

7

うさぎ くまさん
食べた？

くま 食べないよ。

うさぎ ねずみさん
食べた？

ねずみ 食べないよ。うさぎさん、食べた？

うさぎ 食べないわ。おかしいね。

くまさん、
食べた？

ねずみさん、
食べた？

食べ
ないよ

食べ
ないよ

★ うさぎ（表）とくま（表）を
油粘土に立てます。

8

保育者 そのときです。
涼しい秋の風が吹いて、
雲の合間から明るい
お月様が顔を出しました。

★ お月様（裏）を出し、雲を下げます。

ねずみ お月様だ！

くま あれ？ ほっぺが
ぷくぷくに膨れてる。
おだんごを食べたの、
お月様じゃないの？

ねずみ あはは、ほんとだ！

★ お月様（裏）を油粘土に立てます。

9

くま よーし、もっともっと
おだんごを作ろう。

うさぎ お月様にいっぱい
食べてもらおう。

ねずみ そうだね。

★ くま、うさぎ、ねずみを（裏）にして持ち、
左右に揺らします。

保育者 みんなはすすきを飾って、
おだんごもたくさん作りました。
お月様も真ん丸な顔を大きく
膨らませてうれしそうです。

★ みんなで「月」（文部省唱歌）の歌を
うたってもよいでしょう。

おしまい

行事 なるほど 歳時記

【9月中旬〜10月上旬　十五夜】
平安時代に中国から伝わった風習で、旧暦
の8月15日の月が、1年のなかで一番美
しく見えることから「中秋の名月」と呼んで、
お月見をするようになりました。すすきや
おだんごを月の見える縁側などに飾ったり、
秋の収穫を祝う意味も含めて、その年にと
れた農作物をお供えしたりします。

作り方　【材料】　画用紙、割り箸

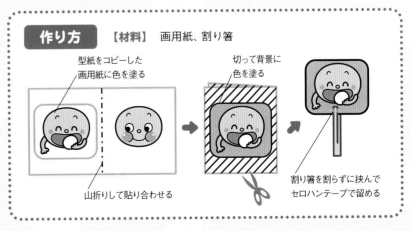

型紙をコピーした
画用紙に色を塗る

切って背景に
色を塗る

山折りして貼り合わせる

割り箸を割らずに挟んで
セロハンテープで留める

ペープサート　いもほり

Oh! いもほり

いも畑にやって来たぞうくんとねずみちゃん。
おもしろい形のおいもが掘れたようです。畑からおいもを
引き抜くしかけが楽しい、食育に使えるシアターです。

案・指導●小沢かづと　絵人形イラスト●福々ちえ
撮影●林 均　モデル●大貫真代

このシアターに使う物

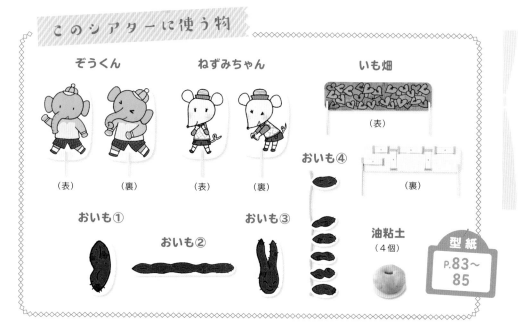

ぞうくん
（表）　（裏）

ねずみちゃん
（表）　（裏）

いも畑
（表）
（裏）

おいも④

おいも①
おいも②
おいも③

油粘土
（4個）

型紙
P.83〜
85

演じ方のポイント

おいもの収穫シーン
は、「Oh! いもほり」
の歌をうたって、楽
しい雰囲気を盛り上
げましょう。子ども
たちに、おいもの形
の感想を聞いてみて
も楽しいですね。

Oh! いもほり

作詞・作曲●小沢かづと
編曲●本田洋一郎

♩=136

C
Oh! いも ほ り Oh! いも ほ り Oh! いも Oh! いも お い も いも

G　G　C　G　C
うん と こ どっ こ い どん な いも Oh〜 い もっ!

1

★ 油粘土を机に4個用意し、おいも①～④を
セットしておいた、いも畑 (表) を立てます。
ぞうくん (表) とねずみちゃん (表) を出します。

保育者 ぞうくんとねずみちゃん、
どっちがたくさん
おいもを掘れるかな?

どっちが
たくさんおいもを
掘れるかな?

★ ねずみちゃん (表) を油粘土に立て、ぞうくん (表) をセリフに合わせて動かします。

ぞうくん まずは、ぼくから掘るゾウ。

この
おいもを
掘るゾウ!

♪ Oh! いもほり

Oh! いもほり ♪

2

ぞうくん ど・れ・に・し・よ・う・か・な。
よし! このおいもを掘るゾウ!

★ ぞうくんを裏返し、おいも①を掘っているように
動かしながら「Oh!いもほり」をうたいます。

♪ Oh! いもほり　　Oh! いもほり
Oh! いも　Oh! いも　おいもいも
うんとこどっこい　どんな いも　Oh～いもっ!

3

★ おいも①を引き抜き、ぞうくん (裏) をうれしそうに動かします。

ぞうくん わーい! やったぞ!　　見て見て、おいもが掘れたゾウ!

★ ぞうくんを (表) にして油粘土に立て、ねずみちゃん (表) を持ち、
セリフに合わせて動かします。

おいもが
掘れたゾウ!

よし!
これだ!

♪ Oh! いも　Oh! いも

♪

おいもいも

♪

4

ねずみちゃん 今度はわたしが
掘るチュー!
ど・れ・に・
し・よ・う・か・な。
よし! これだ!

★ ねずみちゃんを裏返し、
おいも②を掘っているように
動かしながら「Oh!いもほり」を
うたいます。

★ せりふを言いながら、
　おいも②を少しずつ出します。

ねずみちゃん チュウ？ チュウ？
チュチュチュチュ、チュー！
うわあ、見て見て、こんなに長〜いおいもが掘れたチュウ！

★ おいも②を引き抜いてから下げ、ねずみちゃんを（表）にして
　油粘土に立てて、ぞうくん（表）を持ちます。

これだ！

うんとこどっこい

どんないも

6

ぞうくん ねずみちゃん、いいな。
よ〜し、ぼくも掘るゾウ！
ど・れ・に・し・よ・う・か・な。
よし！ これだ！

★ ぞうくんを裏返し、おいもを掘っているように
　動かしながら「Oh！いもほり」をうたいます。
　おいも③を少しずつ引き抜き、
　ぞうくんを（表）にします。

7

ぞうくん それっ！ あ、なんだか
おもしろい形の
おいもが掘れたゾウ。
なにかに似ているゾウ。
この形は…。

★ 子どもたちに問いかけるようにして、やりとりをします。

ぞうくん あ！ 本当だ、
うさぎみたいなおいもだゾウ！

★ おいも③を下げ、ぞうくん（表）を油粘土に立てて、
　ねずみちゃん（表）を持ちます。

うさぎみたいな
おいもだゾウ！

ねずみちゃん かわいいおいもが掘れたでチュウね。
次は、わたしの番でチュウ。

★ ねずみちゃんを裏返し、おいもを掘っているように
動かしながら「Oh！いもほり」をうたいます。
おいも④のいもを1つだけ引き抜きます。

ねずみちゃん あれ？ な〜んだ、これだけでチュウか。

な〜んだ、これだけでチュウか

いっしょに引っ張ろう！

★ おいも④をいったんいも畑（表）の手前に引っ掛け、
ぞうくん（裏）とねずみちゃん（裏）を片手で持ちます。

ぞうくん ねずみちゃん、まだ引っ張れそうだゾウ！
ぼくも手伝うゾウ！

ねずみちゃん ありがとうでチュウ！ いっしょに引っ張ろう！

★ ぞうくんとねずみちゃんをいっしょに引っ張っているように
動かして、片手でおいも④のつるを持ちながら「Oh！いもほり」をうたいます。

♪ Oh! いもほり

すぽぽぽ〜ん！

うわ〜！おいもがいっぱ〜い!!

Oh! いもほり ♪

★ うたいながら、おいも④を1つずつ引き抜いていきます。

保育者 すぽぽぽぽ〜ん！

ぞうくん・ねずみちゃん うわ〜！ おいもがいっぱ〜い!!

ぞうくん やったね、ねずみちゃん。

ねずみちゃん やったね、ぞうくん。
おうちに帰って、みんなで食べよう！

おしまい

★ おいもを全部出して持ち、ぞうくんとねずみちゃんを
（表）にして、「Oh！いもほり」をうたいましょう。

おいものセットの仕方

〈裏面〉

F E D C B A

いも畑を（裏）にして、Ⓐの所から順においも
をさします。おいも④は、下の5つをじゃばら
折りに畳んでⒻに、最初の1つをⒺに入れます。

7〜8㎝
各2㎝

おいも④は、
右のように毛
糸などに貼り
つなげます。

作り方

【材料】 画用紙、割り箸、毛糸など

型紙をコピーした
画用紙に色を塗る

切る

山折りして貼
り合わせる

割り箸を割らずに挟んで
セロハンテープで留める

45

パネルシアター **クリスマス**

忘れんぼうサンタさん

プレゼントの用意が終わったサンタさんですが、
あれあれ？ まだ準備が整っていないようです。
みんなでいっしょに教えてあげましょう。

案●松家まきこ　絵人形イラスト●たちのけいこ
撮影●林 均　モデル●田村真依奈

このシアターに使う物

サンタさん	たんす（2枚）	ドレス	サンタ服

シルクハット	サンタ帽	そりとトナカイ	

プレゼント①②（表）	プレゼント①（裏）	プレゼント②（裏）	鈴

型紙 P.86〜88

演じ方のポイント

サンタさんの衣装を
当てる、楽しい要素
が詰まったシアター。
間違いの衣装やプレ
ゼントは、アレンジ
を加えてバリエー
ションを作ると、や
りとりが広がります。

1

「お手伝いして
あげましょう」

★ サンタさんを貼ります。

サンタさん ホッホッホー。いかんいかん、きょうは
クリスマスイブだというのに、寝坊してしまったわい。

保育者 サンタさん、裸のまま寝ちゃったのね。大丈夫？

サンタさん ホッホッホー。最近、毎晩プレゼントの支度で
忙しかったからなあ。
でも、大丈夫！ 準備はできているぞ。

★ 子どもたちを誘うようにして、いっしょに言います。

保育者 え〜？ サンタさん、その格好では、まだ出かけられないわ。
そうだ！ みんなでお手伝いしてあげましょう。

2

★ 洋服（ドレス・サンタ服）を重ねたたんすを、
左右に１つずつ貼ります。

保育者 まずは洋服！

サンタさん はて、どっちの
たんすかのう。

★ 節を付けてうたいます。

♪ どーっちどっち どっちかな？
サンタさんの洋服どっちかな？

★ 子どもたちに問いかけます。

保育者 こっちのたんすだと思う人？ こっちだと思う人？

★ 子どもたちの様子を見ながらたんすを外し、ドレスを出します。

保育者 では、まずこちらのたんすを〜
いち、にの、サンタ！ じゃ〜ん！

3

保育者 あら、すてきなドレス！
サンタさん、ちょっと着てみて！

★ 話しながらサンタさんの顔の下にドレスを挟み込んで、
着せるように貼ります。

サンタさん ホッホッホー。
なんだか、踊りたくなるのぉ。

保育者 みんな、どう？ 違う違う、ちょっと違うわね。

4

★ せりふに合わせてたんすを外し、サンタ服を出します。

保育者 それではこちらのたんすを〜
いち、にの、サンタ！ じゃ〜ん！
これは、真っ赤なコートにズボン。それに
暖かそうなブーツ！ サンタさん、着てみて！

★ サンタさんの顔の下に洋服を挟み込んで、着せるように貼ります。

サンタさん ホッホッホー。ほぉ〜、これは暖かい。
なんていい着心地。

保育者 みんな、どう？ そうよね、やっぱりサンタさんは
こうでなくっちゃ。とってもよく似合うわね。
さあ、次は帽子ですよ。

じゃ〜ん！

5

★ 帽子（シルクハット・サンタ帽）を重ねた
たんすを左右に貼ります。

サンタさん はて、どっちのたんすかのう。

★ 節を付けてうたいます。

♪ どーっちどっち どっちかな？
サンタさんの帽子どっちかな？

★ 子どもたちに問いかけます。

保育者 こっちのたんすだと思う人？
こっちだと思う人？

★ 子どもたちの様子を見ながらたんすを外し、
シルクハットを出します。

保育者 では、まずこちらのたんすを〜
いち、にの、サンタ！ じゃ〜ん！

※帽子を、リボンやちょんまげなど
に替えてもよいでしょう。

なんだか、
手品が
できそうじゃ

6

保育者 これはすてきなシルクハット！
サンタさん、ちょっとかぶってみて！

★ 話しながらサンタさんの頭にシルクハットをかぶせるように貼ります。

サンタさん ホッホッホー。
なんだか、手品ができそうじゃ。

保育者 みんな、どう？ 違う違う、ちょっと違うわね。

いち、にの、
サンタ！

やっぱり
これが
ぴったりじゃ

7

★ せりふに合わせてたんすを外し、サンタ帽を出します。

保育者 それではこちらのたんすを〜
いち、にの、サンタ！ じゃ〜ん！
これは、真っ赤で、白いボンボンが付いた
すてきな帽子！
やっぱりサンタさんはこうでなくっちゃ。

★ サンタさんの頭にサンタ帽をかぶせるように貼ります。

サンタさん やっぱりこれがぴったりじゃ。
さて、出かけようかな。プレゼントは…。

8 ★ プレゼント①②（表）を、左右に貼ります。

サンタさん はて、どっちのプレゼントだったかのう。

★ 節を付けてうたいます。

 どーっちどっち どっちかな？
サンタさんのプレゼントはどっちかな？

★ 子どもたちに問いかけます。

保育者 こっちの袋だと思う人？　こっちだと思う人？

こっちだと
思う人？

9 ★ 子どもたちとやりとりをしたら、プレゼント①を裏返します。

保育者 では、こちらの袋を〜いち、にの、
サンタ！ じゃ〜ん！ みんな、どう？
これは、お正月に遊ぶ物。
まだちょっと早いかな。

保育者 それでは、こちらの袋を〜いち、にの、サンタ！

★ プレゼント②を裏返します。

保育者 じゃ〜ん！ みんな、どう？
やった〜。すてきなプレゼントがいっぱいね。
これで、準備はばっちりです。

★ 保育者は鈴を持ち、シャンシャンシャンと鳴らします。

サンタさん ホッホッホー。そりのお迎えも来たようじゃ。

まだ
ちょっと
早いかな

そりの
お迎えも
来たようじゃ

10 ★ プレゼント①を外し、プレゼント②を（表）にして、
そりとトナカイを重ねて貼り、鈴を鳴らします。

サンタさん ホッホッホー。みんな、
準備を手伝ってくれてありがとう。
おかげで間に合ったわい。
それでは出発。メリークリスマス！

※クリスマスソングをうたっても
よいでしょう。

それでは出発。
メリークリスマス！

おしまい

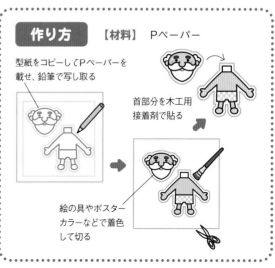

作り方 【材料】 Pペーパー

型紙をコピーしてPペーパーを
載せ、鉛筆で写し取る

首部分を木工用
接着剤で貼る

絵の具やポスター
カラーなどで着色
して切る

紙人形シアター　お正月

ペッタンお餅は おいしいよ

磁石で伸びるお餅のしかけにびっくり！
ついたり丸めたり、だんだんできあがっていく
おいしそうなお餅に、おなかがすいてきそうです。

案・製作・指導●あかまあきこ　撮影●林 均
モデル●伊藤有希菜

このシアターに使う物

ねこちゃん

ぞうくん

こぶたくん

臼

きね

あんこと
きなこ

丸めた
お餅

型紙
P.89〜90

演じ方のポイント

お餅を丸める場面は、子どもたちと一緒に行ってもよいでしょう。お餅のトッピングは、子どもたちの好きなものを聞きながら進めると盛り上がります。

1

★ きねと臼を出します。

保育者　これはなにかな？
お餅を作るときに使う物なのよ。
こっちが「きね」で、こっちが「臼」。
これで、ねこちゃんたちが
お餅をつくんですって。
あっ、ねこちゃんたちが来たわよ。

★ 磁石がつかないように、きねを臼に置きます。

こっちが「きね」

2

★ ねこちゃんとぞうくんを出します。

ねこちゃん お餅お餅、
おいしいお餅を
つきましょう。

ぞうくん 楽しみだなあ！
早く食べたいな。

ねこちゃん そうね。それじゃあ
お餅つきを始めましょう。

ぞうくん ねこちゃん、がんばって！

★ ねこちゃんときねを持ち、お餅を
つくように動かします。

ねこちゃん そーれ、
ペッタンペッタン、
お餅つき！

★ 数回ついたらきねとお餅の
磁石をつけ、お餅を半分
くらいまで見せながら
動かします。

3

★ ねこちゃんを置き、お餅の磁石を外して
きねとぞうくんを持ちます。

ぞうくん よーし、
今度はぼくがつくよ。
そーれ、ペッタンペッタン、
お餅つき！

ねこちゃん わあ、
ぞうくん、すごーい！

★ ②と同様にしてお餅を長く見せたら、
ぞうくんときねを置きます。

ぞうくん できた！
おいしそうなお餅が
つけたぞ。

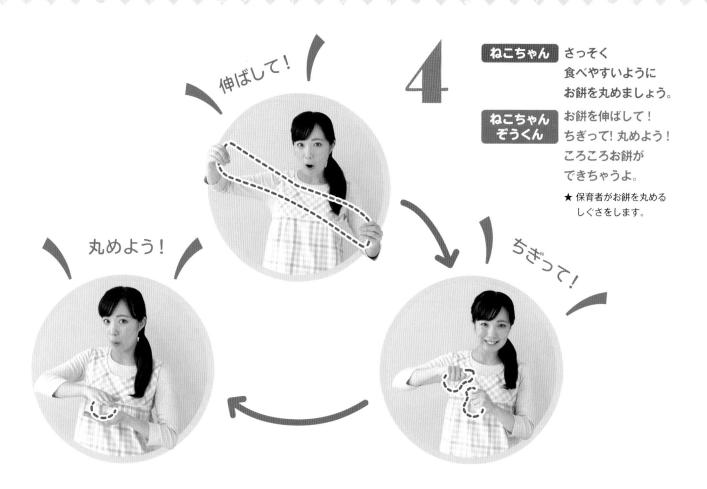

伸ばして！

丸めよう！

ちぎって！

4

ねこちゃん さっそく
食べやすいように
お餅を丸めましょう。

ねこちゃん ぞうくん お餅を伸ばして！
ちぎって！ 丸めよう！
ころころお餅が
できちゃうよ。

★ 保育者がお餅を丸める
しぐさをします。

5

★ 丸めたお餅を臼の前に出します。

ぞうくん わあい、できた！ あっ、しまった!!
お餅がもっとおいしくなる、
お餅につける物を忘れちゃった！

ねこちゃん それなら大丈夫。
こぶたくんに頼んでおいたわ。
そろそろ来る頃よ！

しまった!!

52

6

★ あんこときなこを持った、こぶたくんを出します。

こぶたくん ねこちゃん、ぞうくん、
お待たせ〜。
お餅、おいしそう！
はい、お餅につける
あんこときなこだよ。

★ あんこときなこを下げ、
せりふに合わせてシートを
表側にめくって重ねます。

こぶたくん はい、ねこちゃんのお餅！

ねこちゃん わーおいしそう！

こぶたくん ぞうくんもどうぞ。

ぞうくん ありがとう！

こぶたくん ぼくも食べたいから、これはぼくの分。

お待たせ〜

ねこちゃんの
お餅！

7

みんなで
いただきます！

ぞうくん わぁ！ できた。おいしそう！

ねこちゃん あんこのついたあんころ餅。

こぶたくん きなこのついたきなこ餅。
どっちから食べようかな。

**ねこちゃん
ぞうくん
こぶたくん** それではみんなで
いただきます！

おしまい

作り方

【材料】色画用紙、画用紙、厚紙、カラー工作用紙、つまようじ、
クリアファイル、布、磁石、割り箸

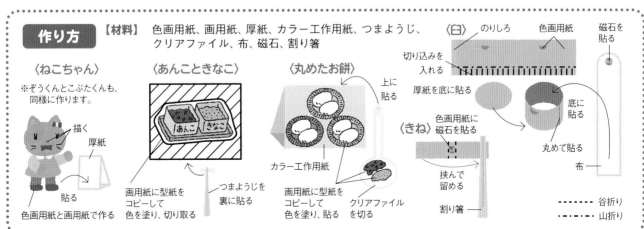

〈ねこちゃん〉

※ぞうくんとこぶたくんも、
同様に作ります。

描く

厚紙

貼る

色画用紙と画用紙で作る

〈あんこときなこ〉

画用紙に型紙を
コピーして
色を塗り、切り取る

つまようじを
裏に貼る

〈丸めたお餅〉

上に
貼る

カラー工作用紙

画用紙に型紙を
コピーして
色を塗り、貼る

クリアファイル
を切る

〈臼〉 のりしろ　　色画用紙

切り込みを
入れる

厚紙を底に貼る

〈きね〉 色画用紙に
磁石を貼る

挟んで
留める

割り箸

磁石を
貼る

底に
貼る

丸めて貼る

布

----- 谷折り
-·-·- 山折り

ふゆ

おれさま、サニオ

おにぎりやお肉、たまねぎが大好きなサニオ。
豆でできている物が苦手な理由は…。
節分行事の導入にぴったりなシアターです。

案・製作・指導●山本省三　撮影●林 均
モデル●大貫真代

このシアターに使う物

おにぎり	お肉	たまねぎ	納豆

豆腐	帽子	角	金棒

型紙
P.91

演じ方のポイント

「おに」のついた食べ物が好きなサニオ。言葉遊びの要素を楽しめるように、食べ物や、サニオの名前をゆっくり、はっきりと発声しましょう。

おれさまの
名前は、
サニオだ！

1

★ 保育者は角をつけてから帽子をかぶり、赤い長袖のシャツを着て登場します。

保育者 おれさまの名前は、
サニオだ！
出かける前に
腹ごしらえでもしようかな。

> おれさまが
> 大好きなのは、
> これ、これ！

★ おにぎりを出します。

保育者 おれさまが大好きなのは、
これ、これ！　お・に・ぎ・り！

★ おにぎりを食べるまねをします。

保育者 いやー、やっぱりおにぎりは
うまいなぁ！

★ おにぎりを
片づけます。

> おにぎりは
> うまいなぁ！

3

★ お肉を出します。

保育者 おにぎりの次に好きなのが、
お・に・く！

★ お肉を食べるまねをします。

保育者 なんてうまいんだ！
おにぎりもお肉も、
おれさまにぴったりの言葉が
付いているからな。

★ お肉を片づけます。

> 次に
> 好きなのが、
> お・に・く！

4

★ たまねぎを出します。

保育者 おれさまは野菜も好きなんだ。
いちばん好きなのが、た・ま・ね・ぎ！

★ たまねぎを食べるまねをします。

保育者 んー、うまいなあ！ たまねぎ
を英語で言うと…。

★ 子どもたちの反応を待ってから答えます。

保育者 そう、オ・ニ・オ・ン！ たまねぎは、
英語でオニオンって言うんだ。
これもおれさまにぴったりの
言葉が付いているな。

★ たまねぎを片づけます。

たまねぎを
英語で言うと…

オ・ニ・オ・ン

5

苦手な物は、
納豆だ！

★ 納豆を見せてから顔をしかめて、遠くへ 押しのけます。

保育者 おれさまが苦手な物は、納豆だ。
だって、豆でできているからな。
あー、いやだ！

★ 納豆を片づけます。

6

★ 豆腐を出して、顔をしかめます。

保育者 豆腐も苦手だ！
形は四角いけど、
豆腐も豆でできているんだ。
だから苦手なのさ！

★ 豆腐を片づけます。

豆腐も豆で
できて
いるんだ

★ 金棒を左手に持ちます。

保育者 さて、おなかもいっぱいになったし、
そろそろ出かけよう。
え、どこへだって？ おれさまの
名前はサニオ。逆さまに読むと…。

オ・ニ・サ！

7

逆さまに
読むと…

8

★ 子どもたちの反応を待ってから答えます。

保育者 そのとおり、オ・ニ・サ！

★ 1回転しながら帽子を取って、角を見せます。

保育者 これから豆まきに行って、
ひと暴れしてくるのさ！ じゃあな！

おしまい

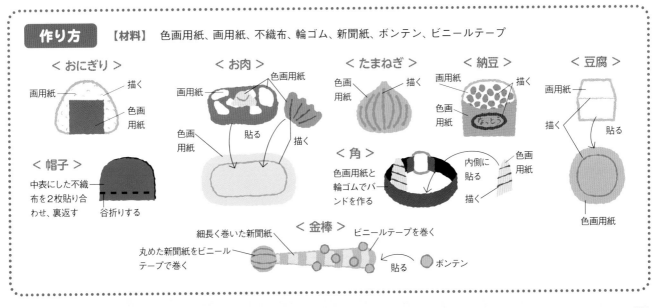

作り方 【材料】色画用紙、画用紙、不織布、輪ゴム、新聞紙、ボンテン、ビニールテープ

< おにぎり > < お肉 > < たまねぎ > < 納豆 > < 豆腐 >

< 帽子 > < 角 > < 金棒 >

ペープサート　ひなまつり

もうすぐ ひなまつり

ひなまつりが待ち遠しいももちゃん。
ひな人形を飾ろうとしていると…。きれいなひな飾りと
おいしそうなごちそうで行事が楽しみになるお話です。

案・指導●あかまあきこ
絵人形イラスト●あさいかなえ　撮影●林 均
モデル●大貫真代

このシアターに使う物

| もも ちゃん | （表） | （裏） |

| 箱 | （表） | （裏） |

| たっくん | （表） | （裏） |

| テーブル | （開いたところ） |

| ひな壇 | （表） | （裏） |

油粘土
（6個）

型紙
P.91～
93

演じ方のポイント

ひな飾りの種類や、飾り方を楽しみながら知ることができるシアターです。子どもたちの反応を受けながら、ひな人形の飾りつけを進めてもよいでしょう。

1

★ 油粘土4個を机の上に置き、ひな壇（表）を油粘土に立てておきます。ももちゃん（表）が、箱（表）を持っているように動かしましょう。

ももちゃん　ランラン。
　　　　　もうすぐひなまつり、
　　　　　うれしいな。

★ 箱（表）を油粘土に立てます。

ランラン。
もうすぐひなまつり、
うれしいな

ももお姉ちゃん、
なにしてるの？

これから
おひなさまの
人形を飾るのよ

2

★ たっくん（表）を出します。

たっくん　ももお姉ちゃん、
なにしてるの？

ももちゃん　あ、たっくん。これから
おひなさまの人形を飾るのよ。

たっくん　ふーん。おひなさまってどんな人形？

ももちゃん　とってもきれいなの。
この箱から順番に出して、
ひな壇の上から飾るのよ。

★ ももちゃん（表）を油粘土に立てます。

3

たっくん　わあ、ぼくもやりたい！
この箱、ぼくが運ぶよ！

★ たっくんが箱を持つように動かして、
ひな壇の方に運びます。

ももちゃん　たっくん、気をつけて！

★ たっくんと箱を
転ぶように傾けます。

たっくん　あっ!!

この箱、
ぼくが運ぶよ！

あっ!!

たっくん、
気をつけて！

あっ!!

お人形が
ごちゃごちゃに
なっちゃったわ

4

★ たっくんと箱を裏返します。

たっくん　お人形が飛び出しちゃった！

★ ももちゃんを裏返します。

ももちゃん　もう！ たっくんたら！
お人形がごちゃごちゃに
なっちゃったわ。

たっくん　うわ～ん！
ももお姉ちゃん、ごめんね。

うわ～ん！
ももお姉ちゃん、
ごめんね

5

どうしよう

あっ、思い出した！並べる順番！

ももちゃん しょうがないなあ。どうしよう。
おひなさまを並べる順番…。
うーん。並べる順番…並べる順番。

★ ももちゃんを（表）に返します。

ももちゃん あっ、思い出した！ 並べる順番！
たっくん、もう大丈夫よ。

たっくん えっ、本当？

ももちゃん 任せて！
たっくん、手伝って。

★ たっくんを（表）に返します。

たっくん うん！ 今度は
上手にやるよ。

今度は上手にやるよ

6

★ ももちゃんとたっくんが箱（裏）と
ひな壇を往復するように動かします。

ももちゃん えーと、おだいりさまとおひなさまは
どこかしら？ あった！
たっくん、一番上の段よ。

たっくん うん、わかった。一番上だね。

うん、わかった

たっくん、一番上の段よ

ももちゃん それから、三人官女よ。

たっくん ようし、
落とさないように…
よいしょ。

★ 五人ばやし、左大臣、右大臣などの人形も
並べるように声に出し、ももちゃんと
たっくんを 動かしましょう。

ようし

それから、三人官女よ

7

★ 油粘土をもう1つ出してたっくんを立て、ももちゃんも立てます。箱を（表）に返したら、ひな壇を裏返します。

ももちゃん できた!!

たっくん すごーい、きれいだね！

ももちゃん うん！ きれいね！

たっくん ねえ、ももお姉ちゃん。どうしておひなさまを飾るの？

ももちゃん それはね、子どもが元気で大きくなりますようにって飾るのよ。

たっくん そうかあ！

できた!!

すごーい、きれいだね！

8

ももちゃん そうだ！ おひなさまもきれいに飾れたし、いっしょにひなあられを食べようよ。

たっくん わあい！ うれしいな。

★ 箱を開いてテーブルを出し、油粘土をもう1つ出して立てます。

ももちゃん たっくん いただきまーす！

保育者 とっても楽しいひなまつりパーティーになりそうですね。

いただきまーす！

おしまい

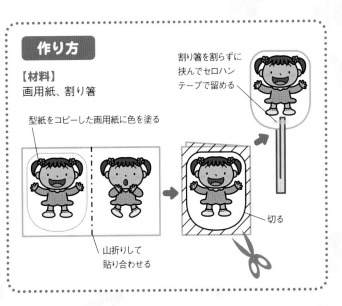

作り方

【材料】
画用紙、割り箸

割り箸を割らずに挟んでセロハンテープで留める

型紙をコピーした画用紙に色を塗る

切る

山折りして貼り合わせる

ペープサート　卒園・進級

ありがとう！
よろしくね

もうすぐ進級するくまくんたち。
次にお部屋を使う子たちが、気持ちよく過ごせるように、
感謝の気持ちを込めてお掃除をします。

案・指導●山本和子　絵人形イラスト●きやんみのる
撮影●林 均　モデル●吉田芽吹

このシアターに使う物

くまくん
（表）　（裏）

いぬちゃん
（表）　（裏）

油粘土
（3個）

ねずみくん・りすちゃん
（表）　（裏）

机
（表）　（裏）

絵本
（表）　（裏）

椅子
（表）　（裏）

型紙
P.94〜95

演じ方のポイント

卒園、進級にぴったりのテーマです。汚れた机や椅子をどうすべきか、子どもたちに問いかけてもよいでしょう。掃除の歌は楽しくリズミカルにうたいます。

ぼくたち、もうすぐ進級するんだ。楽しみ、楽しみ！

わたしも楽しみ！

1

★ 油粘土に立てた机（表）と、油粘土2個を出しておきます。保育者は、くまくん（表）といぬちゃん（表）を登場させます。

保育者 みんな、4月から進級ですね。
あ、くまくんといぬちゃんがやって来ましたよ。
なんだか張りきっているみたい。

くまくん ぼくたち、もうすぐ進級するんだ。
楽しみ、楽しみ！ このお部屋も、
次の子たちが使うんだね。

いぬちゃん わたしも楽しみ！ この机も絵を描いたり
本を読んだり、いっぱい使ったわ。

2

「汚れている
よりも…」

「きれいだと
気持ち
いいから…」

保育者 ねえ、くまくん、いぬちゃん。
この机を次の子たちに
気持ちよく使ってもらうには、
どうしたらよいと思う？

★ くまくんといぬちゃんを、相談しているように動かします。

くまくん ええと、汚れているよりも…。

いぬちゃん きれいだと気持ちいいから…。

**くまくん
いぬちゃん** わかった！

3

★ くまくんといぬちゃんを（裏）にします。

くまくん ぼくたち、お掃除隊の
隊員になるよ！

いぬちゃん 机をきれいにしまーす。
お掃除、スタート！

「お掃除隊の
隊員になるよ！」

「机をきれいに
しまーす」

♪ ぼくたち　元気な　お掃除隊

4

★ くまくんといぬちゃんを、机の近くで
動かしながら、節を付けてうたいます。

**くまくん
いぬちゃん**

ぼくたち　元気な　お掃除隊
きゅっ　きゅっ　きゅっ　きゅっ
♪ お掃除　きゅっ　きゅっ！
次の子たちが　気持ちよく
使えるように　きゅっ　きゅっ　きゅっ！

5

★ 机を(裏)にし、くまくん、
　いぬちゃんを(表)にします。

保育者 わあ、机がピカピカに
　　　　 なりましたよ。

くまくん 気持ちいいなあ。机の次は…。

いぬちゃん 椅子もきれいにしよう！

> 気持ち
> いいなあ

> 椅子も
> きれいに
> しよう！

♪ きゅっ きゅっ きゅっ きゅっ

お掃除 きゅっ きゅっ！

6

★ 机を下げ、椅子(表)を真ん中の油粘土に
　立てます。くまくん、いぬちゃんを(裏)にして、
　④と同様に動かしながら、節を付けてうたいます。

**くまくん
いぬちゃん** 椅子のお掃除、
スタート！

♪ ぼくたち　元気な　お掃除隊
　きゅっ　きゅっ　きゅっ　きゅっ
　お掃除　きゅっ　きゅっ！
　次の子たちが　気持ちよく
　使えるように　きゅっ　きゅっ　きゅっ！

7

★ 椅子を(裏)にして、くまくん、
　いぬちゃんを(表)にします。

保育者 すごい！ 椅子もピカピカになりましたよ。

くまくん わあい、よかった！

いぬちゃん これで次の子たちも気持ちよく使えるね。

> 次の子たちも
> 気持ちよく
> 使えるね

8

★ くまくん、いぬちゃん、
椅子を下げます。
絵本（表）を真ん中の油粘土に立て、
ねずみくん・りすちゃん（表）を登場させます。

保育者 今度はねずみくんとりすちゃんが来ましたよ。

ねずみくん ぼくたちももうすぐ進級なんだ！
あれ、大好きな絵本があるけど…。

りすちゃん いっぱい読んだから破れてる！

保育者 ねえ、ねずみくんとりすちゃん。次の子たちも
気持ちよく読むためには、どうすればよいと思う？

ねずみくん りすちゃん ええと…そうだ！

9

★ ねずみくんとりすちゃんを（裏）にして、絵本に
セロハンテープを貼るように動かしながら、節を付けてうたいます。

ねずみくん りすちゃん わたしたち、絵本のお医者さん！

♪ 絵本を　きれいに　直します
テープ　ぴたりん　ぴーん　ぴたりん！
次の子たちが　気持ちよく
使えるように　直します

♪ テープ　ぴたりん
ぴーん　ぴたりん！

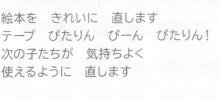

絵本が
きれいに
直りましたよ

10

★ 絵本を（裏）にして、
ねずみくん・りすちゃんを（表）にします。

保育者 やったあ！
絵本がきれいに直りましたよ。

11

★ 机（裏）、椅子（裏）を
油粘土に立てて出し、
くまくん（表）、
いぬちゃん（表）を
右手で持ちます。

くまくん 机でお絵描きをしたり、
お弁当を食べたりしたね。
机さん、ありがとう！

いぬちゃん 椅子にも毎日座ったね。
椅子さん、ありがとう！

ねずみくん りすちゃん 絵本もたくさん読んだね。
絵本さん、ありがとう！

机さん、ありがとう！

椅子さん、ありがとう

絵本さん、ありがとう！

お部屋さん、ありがとう！次の子たちにも、よろしくね

12

★ せりふに合わせて、くまくん、いぬちゃん、
ねずみくん・りすちゃんを、おじぎするように動かします。

保育者 くまくんたち、このお部屋で
楽しいことがいっぱいあったね。

くまくん うん、そうだ！ お部屋にも
お礼を言うのはどうかな？

いぬちゃん ねずみくん りすちゃん いいね、賛成！

保育者 それじゃあ、みんなで
いっしょに言おうね。1、2の3！

みんな 1年間楽しかったよ。
お部屋さん、ありがとう！
次の子たちにも、よろしくね。

おしまい

作り方 【材料】 画用紙、割り箸

型紙をコピーした画用紙に色を塗る

山折りして貼り合わせる

切る

割り箸を割らずに挟んでセロハンテープで留める

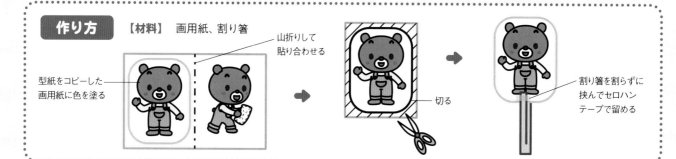

66

型紙
P.00〜
00

のマークが付いている作品の
型紙コーナーです。
必要な大きさにコピーしてご利用ください。

P.06〜
09

大きくなったら！

めーちゃん

ひーくん

おーくん

あおちゃん

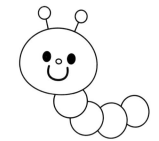

 遊ぼ！ こいのぼりくん

ぞうくん

貼り合わせる

68　　　　　（表）　　　　　　　　　　　　（裏）　　　　　　　　　－・－・－・－ 山折り

うさぎちゃん

貼り合わせる

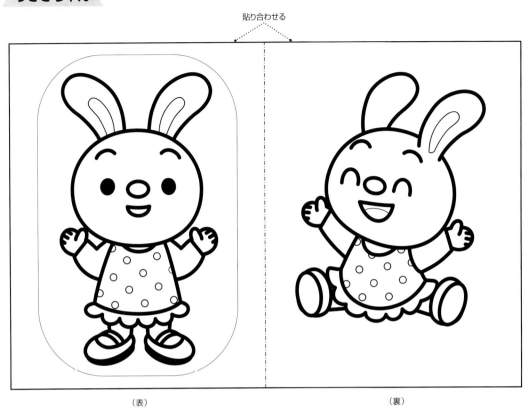

（表）　　　　　　　　　　　　　（裏）

かえるくん

貼り合わせる

（表）　　　　　　　　　　　　　（裏）

–·–·–·–·– 山折り

こいのぼりくん

貼り合わせる

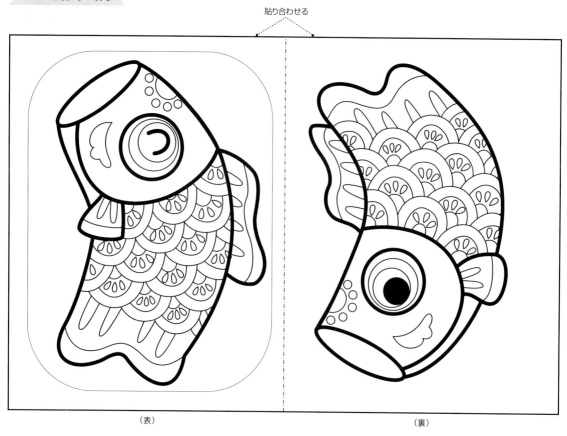

（表）　　　　　　　　　　　　　　　（裏）

柏餅

貼り合わせる

（表）　　　　　　　　　　　　　　　（裏）

－・－・－・－・－ 山折り

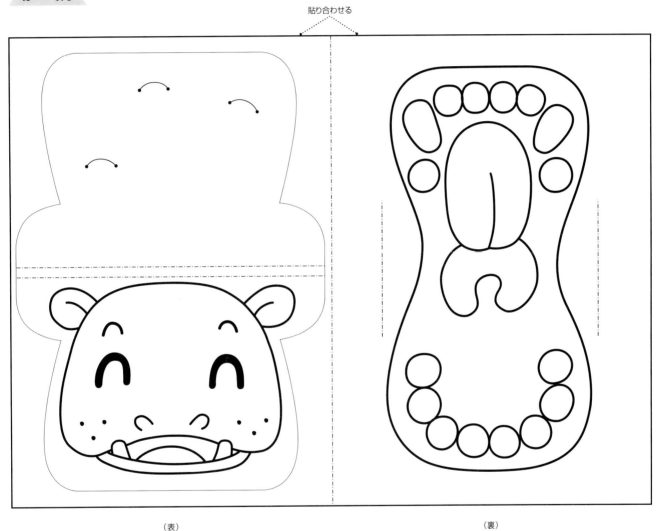

P.16〜19 **かーくんの 大切な歯**

かーくん

貼り合わせる

（表）　　　　　　　　　　　　　　（裏）

食べカス

－ ・ － ・ － ・ 山折り
●━━━━━● 切り込み

歯ブラシ

貼り合わせる

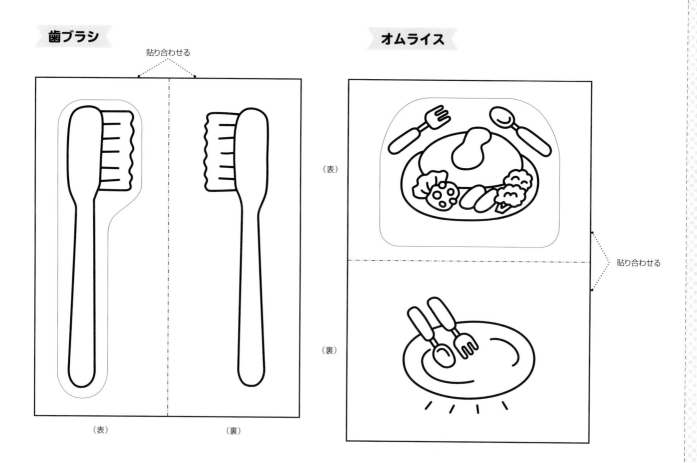

（表）　　　　　（裏）

オムライス

（表）

貼り合わせる

（裏）

ムシバキンたち

（裏）

貼り合わせる

（表）

――・――　山折り
--------　谷折り

七夕の願い事 なあに？

お星様

顔

腕

星

※腕は左右共通です。

こぶたくん

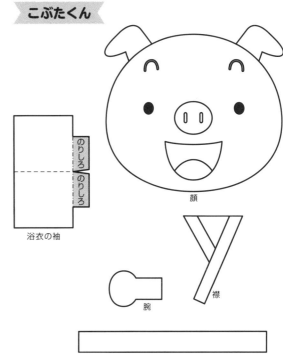

顔

のりしろ

のりしろ

浴衣の袖

腕

襟

帯

足

※足はねこちゃんと共通です。

ねこちゃん

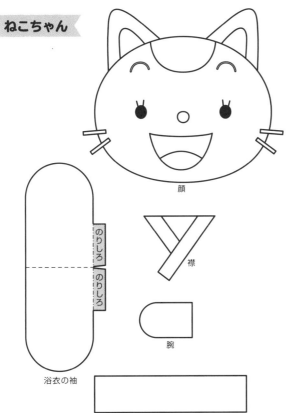

顔

のりしろ

のりしろ

襟

腕

浴衣の袖

帯

※浴衣の袖、腕、足は左右共通です。

—·—·—·—·— 山折り

--------- 谷折り

のりしろ

作り方

材料／紙コップ、色画用紙、画用紙、折り紙、柄入り折り紙、キラキラした折り紙、ひも、スチロール丼、カラーポリ袋、カラークラフトテープ、モール、キラキラしたモール、500㎖のペットボトル

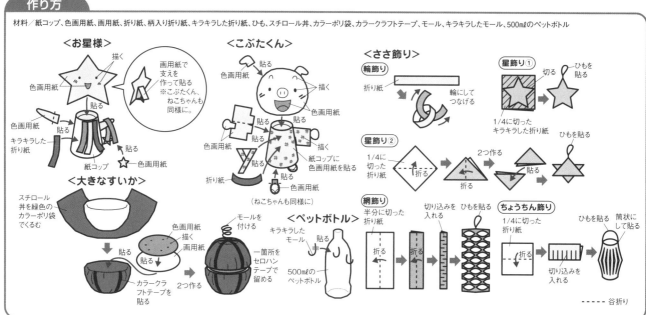

P.24〜29

着替え できるかな？

くーくん

貼り合わせる

-・-・-・-・- 山折り

（表）　　　　　　　　　（裏）

いっちゃん

貼り合わせる

（表）　　　　　　　　　　　　　　　（裏）

服と椅子A

貼り合わせる

（表）　　　　　　　　　　　　　　　（裏）

服と椅子B

貼り合わせる

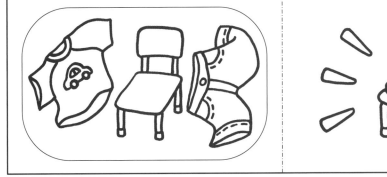

（表）　　　　　　　　　　　　　　　（裏）

シャツカード

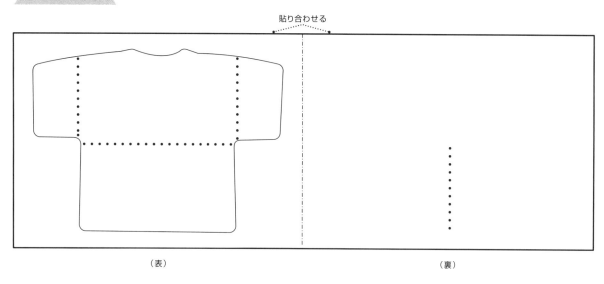

貼り合わせる

（表）　　　　　　　　　　　　　　　　（裏）

ズボンカード

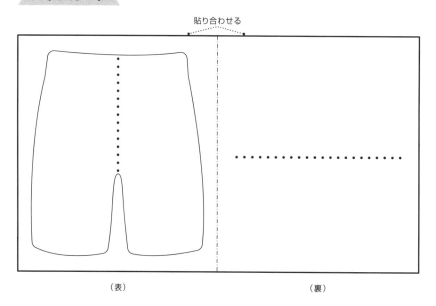

貼り合わせる

（表）　　　　　　　　　　　　　　　　（裏）

－・－・－・－・－ 山折り

お・か・し・も

ドア

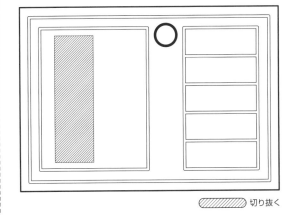

切り抜く

うさぎぐみ

たぬきぐみ

くまぐみ

ねずみぐみ

全員

文字

※園の指導に合わせて
「か」を「は」に替えて
使ってください。

--------- 山折り
⬭ のりしろ

P.34〜37

ドキドキ 飛んでけ　ぽいぽい ぱっ！

作り方

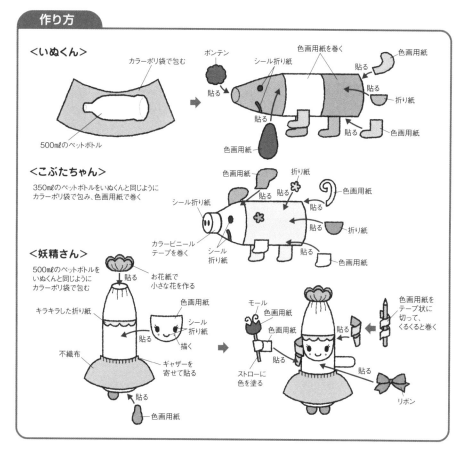

＜いぬくん＞

カラーポリ袋で包む
色画用紙を巻く
色画用紙
ポンテン
貼る
シール折り紙
貼る
500mlのペットボトル
貼る
折り紙
貼る
色画用紙
色画用紙

＜こぶたちゃん＞

350mlのペットボトルをいぬくんと同じようにカラーポリ袋で包み、色画用紙で巻く

色画用紙
折り紙
貼る
貼る
色画用紙
シール折り紙
貼る
折り紙
カラービニールテープを巻く
シール折り紙
貼る
色画用紙

＜妖精さん＞

500mlのペットボトルをいぬくんと同じようにカラーポリ袋で包む

貼る
お花紙で小さな花を作る
キラキラした折り紙
色画用紙
シール折り紙
貼る
描く
不織布
ギャザーを寄せて貼る
貼る
色画用紙

モール
色画用紙
色画用紙
貼る
色画用紙をテープ状に切って、くるくると巻く
貼る
ストローに色を塗る
貼る
リボン

妖精さん

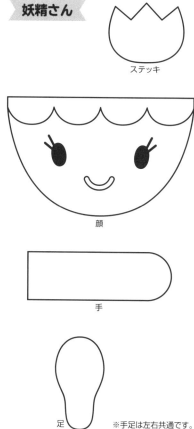

ステッキ

顔

手

足　　※手足は左右共通です。

78

いぬくん

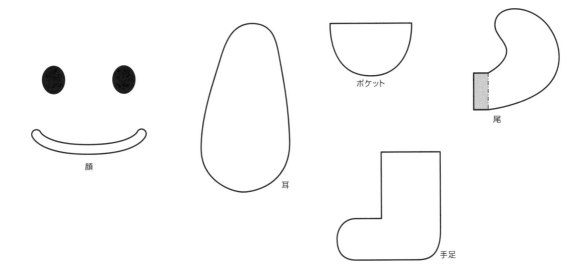

顔

耳

ポケット

尾

手足

こぶたちゃん

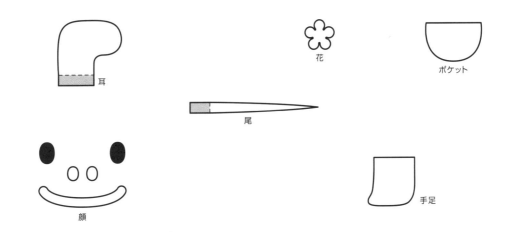

耳

花

ポケット

尾

手足

顔

─ ・─ ・─ ・─ 山折り

─ ─ ─ ─ ─ ─ 谷折り

⬭ のりしろ

※耳、手足は左右共通です。

お月見だんご、食べたのだ～れ？

うさぎ

貼り合わせる

（表）　　　　　　　　　　　　（裏）

貼り合わせる

ねずみ

（表）　　　　　　　　　　（裏）

－・－・－・－ 山折り

貼り合わせる

くま

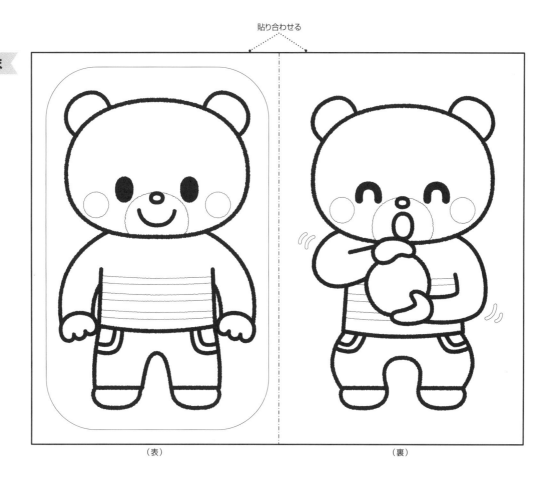

（表）　　　　　　　　　　（裏）

お月見だんご

貼り合わせる

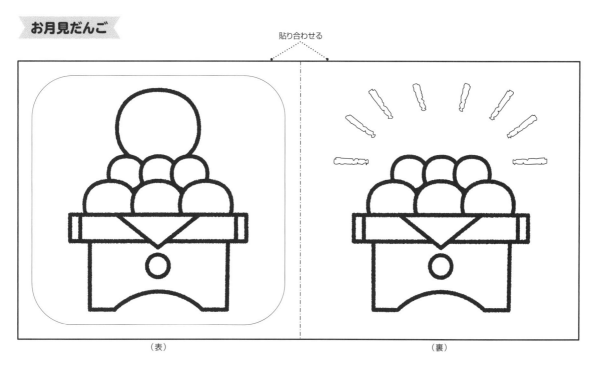

（表）　　　　　　　　　　（裏）

—・—・—・—・— 山折り

お月様

貼り合わせる

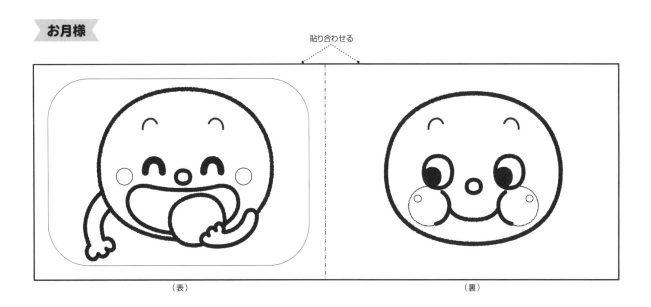

（表）　　　　　　　　　　　　　　　（裏）

すすき

雲

ー・ー・ー・ー 山折り

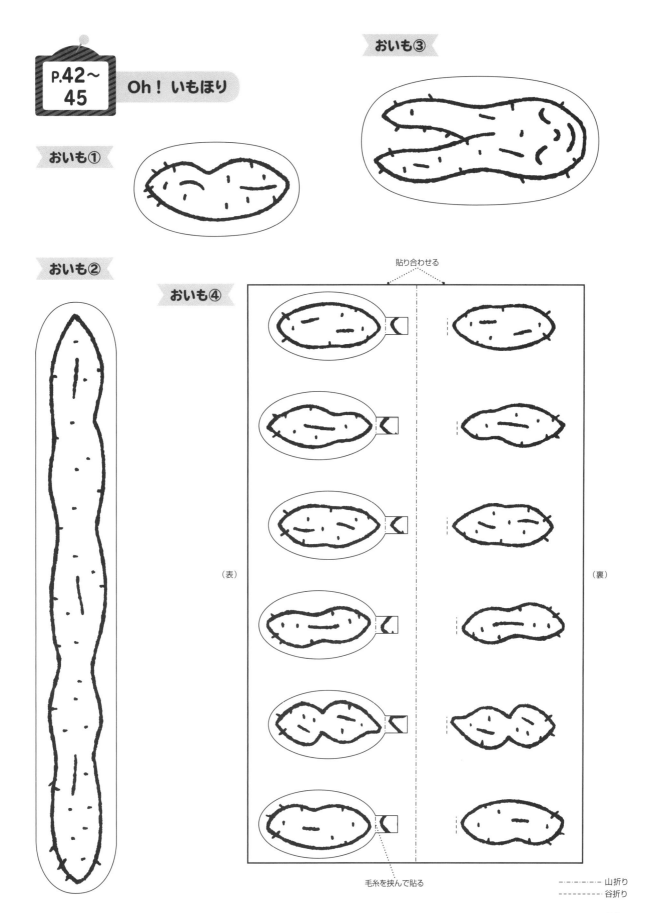

P.42～
45

Oh！いもほり

おいも①

おいも②

おいも③

おいも④

貼り合わせる

（表）

（裏）

毛糸を挟んで貼る

―・―・―・― 山折り

― ― ― ― 谷折り

いも畑

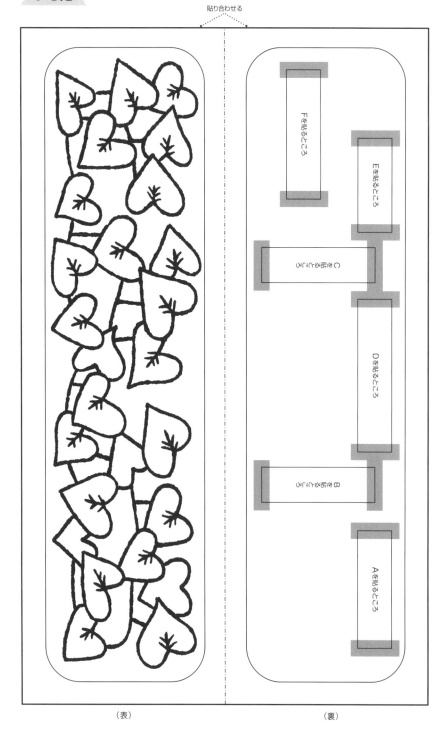

貼り合わせる

（表）　　　　　　　　　（裏）

F を貼るところ

E を貼るところ

C を貼るところ

D を貼るところ

B を貼るところ

A を貼るところ

カード固定部材

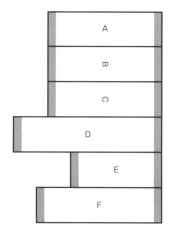

| A |
| B |
| C |
| D |
| E |
| F |

▭ セロハンテープ

※カード固定部材は、それぞれ
　いも畑に貼ってください。

--·-·-·-·-·- 山折り
▭ セロハンテープ

84

貼り合わせる

（表）　　　　　　　　　　　　　　　　　　（裏）

ねずみちゃん

貼り合わせる

（表）　　　　　　　　　　　　　　　　　　（裏）

－・－・－・－　山折り

85

P.46〜
49 忘れんぼうサンタさん

サンタさん

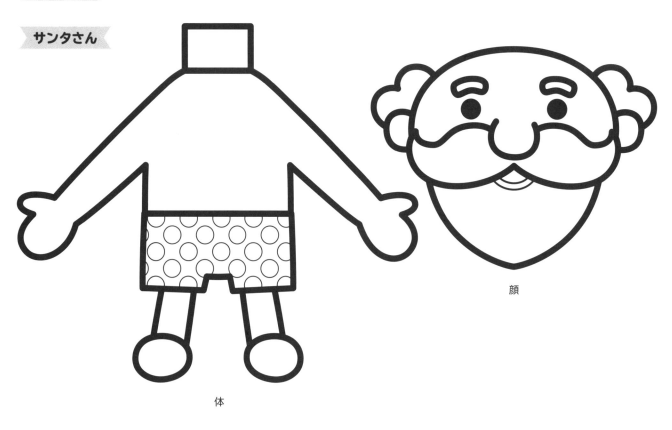

体

顔

ドレス

サンタ服

たんす

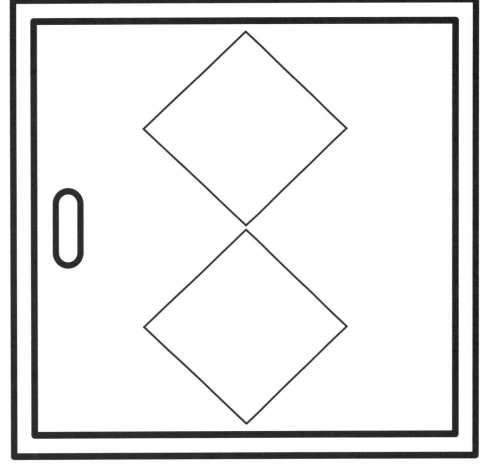

※たんすは、2枚コピーをしてください。

プレゼント①②(表)

プレゼント①(裏)

プレゼント②(裏)

えほん

※プレゼント（表）は、2枚コピーをしてください。

サンタ帽

シルクハット

そりとトナカイ

※そりとトナカイは、他のパーツの200%に拡大コピーをしてください。

P.50〜
53

ペッタンお餅はおいしいよ

ぞうくん

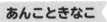

あんこときなこ

こぶたくん

ねこちゃん

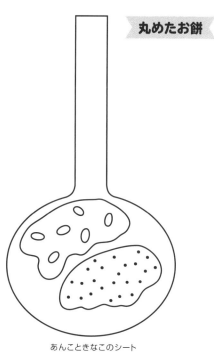

丸めたお餅

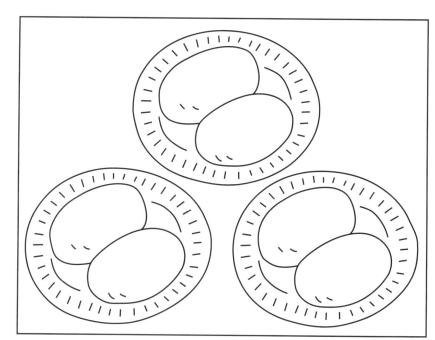

あんこときなこのシート

※クリアファイルの上部の長さは、
　お餅の高さに合わせて調整してください。

お餅

きね

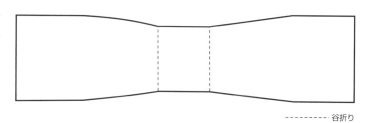

-------- 谷折り

臼

中身のお餅

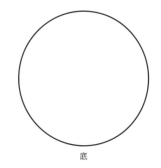

底

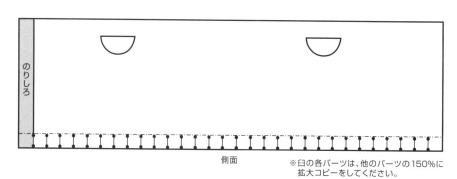

側面

※臼の各パーツは、他のパーツの150%に
　拡大コピーをしてください。

●——●切り込み　 ––·––·–– 山折り

豆腐

角

※角は、左右共通です。

P.54〜57 おれさま、サニオ

お肉

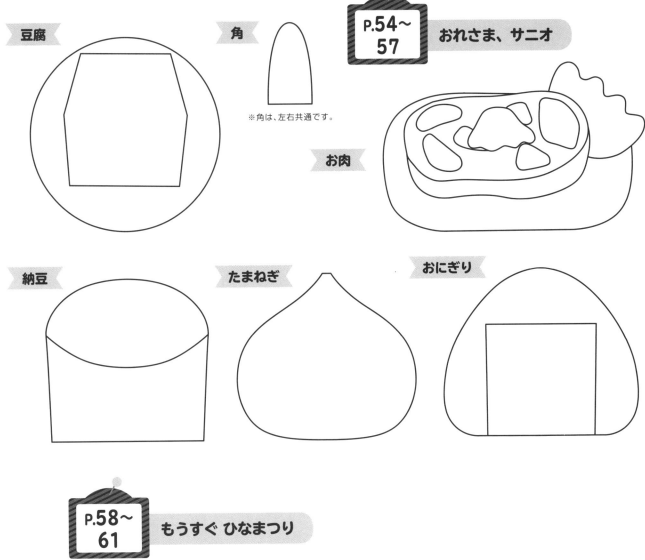

納豆

たまねぎ

おにぎり

P.58〜61 もうすぐ ひなまつり

たっくん

貼り合わせる

━・━・━・━ 山折り

（表）   （裏）

ももちゃん

（表）　　　　　　　　　　　（裏）

箱・テーブル

（表）　　　　　　　　　貼り合わせる

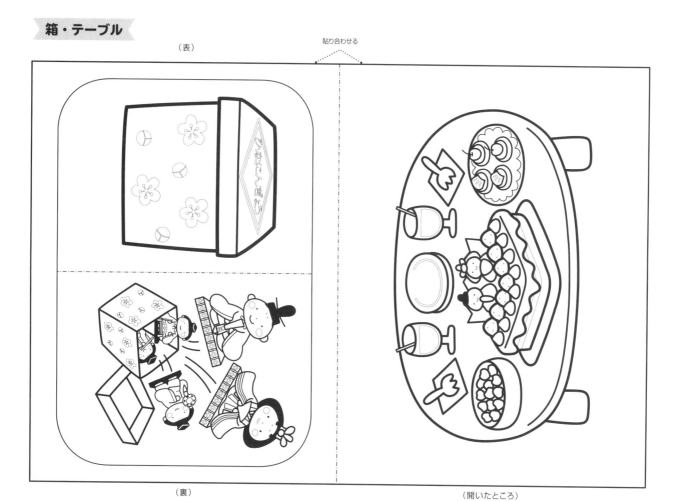

（裏）　　　　　　　　　　　（開いたところ）

92　　　　　　　　　　　　　　　　　　　　- - - - - - - - 山折り

ひな壇

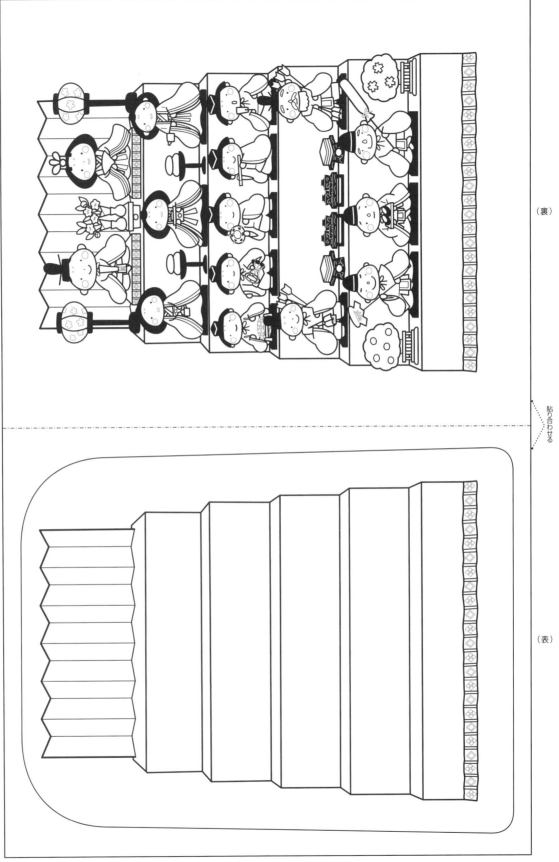

（裏）

貼り合わせる

（表）

－・－・－・－ 山折り

93

P.62〜
66

ありがとう！ よろしくね

くまくん

貼り合わせる

（表）　　　　　　　　（裏）

いぬちゃん

貼り合わせる

（表）　　　　　　　　（裏）

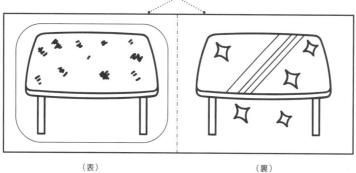

机

貼り合わせる

（表）　　　　　　　　（裏）

－・－・－・－ 山折り

94

貼り合わせる

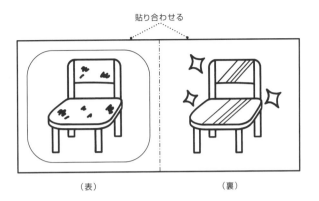

（表）　　　　　　　　　　（裏）

絵本

貼り合わせる

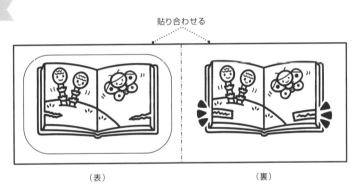

（表）　　　　　　　　　　（裏）

ねずみくん・りすちゃん

貼り合わせる

（表）　　　　　　　　　　（裏）

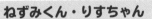 山折り

★ **案・指導** (50音順)

あかまあきこ、浅野ななみ、浦中こういち、小沢かづと、
松家まきこ、山本和子、山本省三

★ **人形製作、絵人形イラスト** (50音順)

あかまあきこ、あさいかなえ、きやんみのる、くるみれな（まーぶる）、しぶたにゆかり、
たちのけいこ、とりう みゆき、福々ちえ、冬野いちこ、やのちひろ、山本省三

カバー・本文デザイン………Plan Sucre 佐藤絵理子
シアター講座イラスト………中小路ムツヨ
作り方イラスト………………みつき
モデル………………………池田裕子、石塚かえで、伊藤有希菜、大貫真代、
　　　　　　　　　　　　　田村真依奈、吉田芽吹
撮影…………………………林 均
型紙トレース………………奏クリエイト、プレーンワークス
本文校正……………………有限会社くすのき舎
編集協力……………………株式会社童夢
編集担当……………………石山哲郎

ポットブックス
導入につかえる！　たのしい行事シアター 2

2020年2月　初版第1刷発行

・・・

編者／ポット編集部　ⒸCHILD HONSHA CO.,LTD.2020　Printed in Japan
発行人／村野芳雄
編集人／西岡育子
発行所／株式会社チャイルド本社
　　　　〒112-8512　東京都文京区小石川5-24-21
電話／03-3813-2141（営業）　03-3813-9445（編集）
振替／00100-4-38410
印刷・製本／共同印刷株式会社
ISBN978-4-8054-0291-7
NDC376　26×21cm　96P

★ **チャイルド本社ホームページアドレス**　http://www.childbook.co.jp/
チャイルドブックや保育図書の情報が盛りだくさん。どうぞご利用ください。